先生の品格

岡島克行

東洋出版

先生の品格

目　次

子どもの話からわかること 109

家庭でわかること 165

はじめに

私見とお断りしておきますが、先生の中には明らかに力量不足であるのに、その自覚がなかったり、ご自身の成育暦が恵まれすぎているのか、子どもの気持ち、特に学習不振の子や孤立しがちな子の気持ちを理解できていないのでは、と感じる先生もいます。しかし、本書では、明らかに能力不足とわかる指導の事例を述べるのではなく、普段、当たり前のように疑うことなく指導している、その指導そのものの中に潜む落とし穴や、真実について多く述べています。普段何の問題もないと思われている先生の指導法に、問題点を見い出し指摘しているわけですから、保護者の立場からは理解が難しい内容も含まれているかもしれません。そういう意味では、先生にこそ読んでもらいたいという気持ちがあります。もちろん、身近でわかりやすい事例も取り上げています。

さて、たとえ話を一つします。

小学校に隣接する道路を歩いていると、三階あるいは四階建ての鉄筋コンクリート造りの校舎から、元気な子どもたちの声が聞こえてくることがあります。しかし、立ち止まって注意深く聞き入ると、その子どもたちの声に輪をかけたように、大きく元気のよい先生の声が聞こえます。時には、元気のよい先生の声は、子どもたちの喧噪《けんそう》を静めるために出されていることもあります。

「こら、静かにしろ」

「いいかげんに、静かにしなさい」

などという具合ですが、それでその喧噪が静まらなかったら、そのうちに窓から紙飛行機や消しゴムなどが飛んでくるでしょう。最悪の状態です。では、静まるのであれば、その指導法でよいかというと、実は、物が飛んでこないだけましという程度の話なのです。

さて、この指導では静まらなくとも静まっても、似たり寄ったりと断じることができる真実はいかなるものでしょう。

集団を育てるには、ちょっとしたコツが必要なのです。

また、保護者の立場で見たり、子どもから話を聞いたりして、おかしいと思えるような先生の指導が、実は深い読みの上に成り立っていることも多くあります。例えば、子どもの道徳的によくない行動に対して、何も言わなかった先生がいたとして、なぜ注意しないのかと非難すべきかというと、そう単純な話ではありません。子どもたちの身に危険が迫る場合でなければ、何も言わない方がよい場合もあるのです。そう断じることができる真実はいかなるものでしょう。

道徳性を涵養《かんよう》するにも、ちょっとしたコツが必要なのです。

しかし、反対に校則違反を日常的にしている子どもに対して、積極的に指導しない先生がいます。例えば、茶髪・金髪に代表される頭髪指導です。違反をしている当人やさせている保護者にとってみれば、何も指導されないことで認められたという間違った認識を持ちますが、同時に周りの良識的な保護者からは、なぜ黙認するのか、いぶかる気持ちが生じるはずです。なぜ、多くの先生が頭髪指導に消極的なのか、そこには良識的な保護者の立場からだけでは想像がつかない先生の苦悩があるのです。保護者に異常に気を遣いながら敬語で接し、対して保護者は常体で返す。この状態がおかしいと感じないまま、普通にこなしている先生ならば、その先生の感覚がおかしいのであって、たいていは立場の逆転、本末転倒という状況に対する苦悩の上に、自己矛盾を抱えながら対応しているのです。

また、先生の立場で、日常的で普段からよく見かける指導であるのに、その指導が、実は子どもたちに接するときに、最も慎まなければならない配慮に欠ける先生の姿であることもあります。「さん・君・ちゃん」や呼び捨ても含めて、呼称の使い分けや、愛称で呼んだり呼ばれたりなど、家庭や個人の立場からは日常的で何の問題もない風景が、教室という集団社会に持ち込まれることによって、配慮に欠ける軽率な行動となってしまう場合があるのです。そう断じることができる真実はいかなるものでしょう。

教師と呼ばれる者は、自らの言葉遣いに、細心の注意を払わねばなりません。

本書では、それら日常的な学校の姿にスポットを当てて、50項目についての良い先生と悪い先生の見分け方を○×で判定しました。そして、○×の判定とともに、判定理由を詳しく述べています。

もちろんこの○×判定には、異論もあるでしょう。それでも、×と断じた事例に取り上げた指導や言動を、その行いが持つ意味やその行いの結果に対する責任を深く考えずに行うのは×であると考えます。

しかし、本書に述べたように、ある視点からは×という判断を下せるという事実を知ったうえで、その指導や言動を行うのは、○と考えます。

例えば、先ほど述べた特定の子どもにだけ「ちゃん」付けで呼んだり、あるいは呼び捨てにしたりという先生の身勝手で軽率な行動を、本書では✕と断じています。

それに対して、読者がそうは考えない、もしくはそう思わないなど、つまり異論があるなら✕を〇と考えてよいという意味ではありません。そういう価値観の存在を認識したうえで、例えば、不登校気味であったり、孤立しがちな子どもなどに親しみを込めるためなど、個々の事例への配慮から行うのは〇という意味です。

保護者の立場からは、担任の先生が信頼に足る指導力の持ち主であるのか。また、先生の立場からは、ご自身の指導に照らし合わせて、例題に示された場面をどう判定するか、試されてみてはいかがでしょう。

先生は、必要に応じて理性的に子どもたちを叱ります。また、時と場合によっては本能的な「怒る」という感情を見せます。ただし、前後の見境なく怒っているのではなく、冷静な諭す、叱るといった雰囲気の中では、子どもたちに真実が伝わりにくいと判断したときに、計算ずくで「怒る」という本能に近い部分の感情を見せ、対象の行為に強く自制を求めるのです。もし、本書をお読みの先生で、感情の揺れ動くまま叱ったり、怒ったりしている方がいらっしゃったら、一ランク上の指導法を本書から学んでいただきたい。

また、本書をお読みの保護者で、先生の指導法に疑問を感じたり、先生や学校に対する不満が鬱積《うっせき》していらっしゃる方は、叱る、叱らないという相反する指導の裏にも、それぞれ先生の深い読みが存在すること、子どもが先生は何もしてくれないと不満を持つ場合でも、何もしない方がよいとの判断のうえで、何もしない場合があることなどを知っていただきたいのです。

教育は、学校（先生）と保護者の信頼関係がなければ、絶対に成り立ちません。先生にも、保護者の期待に応えうる真の力量をつけてもらいたい。保護者にも、先生が行っている学校での学習や生活指導は、学校の外から見ているほど単純なものではないことを知ってもらいたい。そして、自身が教育現場に身を置いている筆者として、両者の協力の下、よりよい相互の関係を築く一助となればと、本書をしたためました。

なお、「良い先生、悪い先生の見分け方50」では、関西の学校を場面設定していますので、会話は関西弁で書き表しています。

悪い先生の5つのタイプ

わが子の先生は大丈夫?
あなたは先生として大丈夫?

1 〈一生懸命なのに〉学力をつけられない先生

指導力が不足していて、子どもたちに十分な学力を保証できない先生がいることは、残念ながら事実です。しかし、指導力があり、一生懸命なのに、子どもたちに学力をつけられない先生がいることもやはり事実なのです。それは、学力のつけさせ方をはっきり意識しないままに指導を行うから、としか言いようがありません。

例えば、漢字の反復練習の宿題を、二行ずつなどと定量的に出す先生です。もちろん、そうすることで子どもたちが漢字を覚えると信じてなさっているわけです。しかし、覚えている子にとって二行の反復練習は必要ありませんし、二行の反復練習で覚えきれない子にとっては不十分です。どのようにすればよいのかについては、次章39項『毎日、ノート一ページ分の漢字練習＋αを出す宿題が多い先生』のところで詳しく述べてあります。

ただし、宿題を出す目的はいろいろありますので、もしも、反復練習という一定量の宿題を、家庭学習の習慣を身に付けさせるために出しているとすれば、納得の出し方となります。それならば、家庭学習の習慣が既に身に付いている子にとっては、不必要な宿題ではないかと思われたかと思いますが、そのあたりは塾や家庭教師ではない、一斉指導の学校の限界でしょう。

また、子どもたちがしてきた宿題を集め、忙しい合間を縫ったり、放課後遅くまでかかって、計算問題などの丸付けをしている姿をよく見かけます。それが、先生としての務めであり、仕事であると思ってのことでしょう。しかし、そんな暇があるならば、よりわかりやすく授業を組み立てたり、教材の中身を吟味する時間に充てるべきなのです。そちらの方が、先生の務めであり、義務でもあると思うのですがいかがでしょう。なぜ、そう言えるのかということは、次章38項『宿題の答えを付けたまま出題する先生』、同40項『宿題の丸付けを子どもにさせる先生』で詳しく述べてあります。学習者は、学習そのものより、学習の正誤の点検をすることにより、理解が深まるのです。その正誤の点検を、先生が行ってしまうのですから、子どもたちは学習のやりっ放し状態となり、学習効果を望めなくなってしまうというわけです。

また、あらすじを書いて感想文を書いたと思っている子どもたちに、いつも共感的に、先生が感想文を書き込んでいる作文帳を見かけます。真面目で熱心そうな先生であればあるほど、夜遅くまでかかって単なるあらすじに、先生自ら感想を書き込んでいる姿を見ます。だから、子どもたちはそんな感想文でよいのだと思ってしまうのです。ちょっと皮肉っぽく言わせてもらうと、それでは先生が感想文の学習をしていることになってしまう、と思えてなりません。感想文の学習は、子どもたちがしているのです。それらについては、次章41項『感想文の宿題への返事を必ず共感的に書いてくれる先生』で詳しく述べてあります。

さて、真面目で一生懸命だから、子どものためによかれと思ってしている指導が、実は子どものためになっていない。反対に、学力を削ぐことになってしまうことがあるという、この事実にはかなり重いものがあります。

2 〈叱りながら〉荒れの原因を作り出してしまう先生

集団というのは、ほめられた回数分、成長します。反対に、叱られた回数分、崩れていきます。しかし、そうはいうものの叱らなければ示しのつかないときはあります。やむを得ず、叱るときは集団に対してではなく、個人に対して叱ります。しかも、個人に対してですから、ざわつきを見せる子どもたちが複数いても、必ずその中の一人に的を絞って叱るようにします。集団の中の一人ではなく、一人の中に集団に対する責任があることを、はっきり意識させるためです。

集団をうまく導けば、自浄能力を発揮し、いわば勝手に質を高めていくようになります。ところが、導き方を間違えると、堕落の方向へすさまじい加速度で転がり落ちていきます。その間違った指導というのが、指導者自らが集団に対して注意の声を発することなのです。その注意が、諭す口調ならまだしも、叱るや怒る、ついには怒鳴るとなれば、かなり重傷と言うほかありません。それらについては、次章9項『ざわつくクラスを静めている先生』、同23項『ざわつく集団を叱りつける先生』で詳しく述べてあります。

普段、よく目にする光景で、最もまずいと感じる指導があります。それは、注意をしても聞き入れられないから、重ねて注意をしている光景です。ひどいときには、二度、三度ならず、数回注意をしても聞き入れられず、ついには罵声を浴びせて強制的に静まらせている光景も目にします。その集団は、必ず、罵声が飛んで来るまで静まることはありません。なぜなら、先生がそう指導しているからです。指導者自ら注意をすることの善し悪しは横へ置いておいて、一度注意をしたら、その注意が聞き入れられるまで、決して次の注意をしたり、同じ注意を繰り返すべきではありません。そんな指導を繰り返すから、子どもたちは、一度や二度、注意を無視しても、また注意してくれると高をくくってしまうのです。

そこで、集団の中で自分一人くらいはよいだろうという間違った考え方に、警鐘を鳴らす話を紹介します。それは集団への信頼と、個人の関わりを表す一つの算式の話です。

〈1×2×3×4×5×6×7×8×9×0＝0〉

例えば、この算式のように一日め、二日め、三日め……と約束事を守り、徐々に信用を勝ち得ていき、その信用を積み重ねていったその結果として、やがてそれは信頼という言葉で評価され、子どもたち自身が誉めたたえられることになるでしょうし、尊敬もされるでしょう。しかし、この算式から見て取れることがあります。せっかく積み上げていったその信用は、たった一回の約束破り、つまり算式の上では0がたった一つ入ることによって、すべての積み重ねは崩れ去り、信用は不信に、信頼は失望に豹変してしまうのです。

このことは、今のたとえ話のように縦の時系列だけでなく、横のつながりにも同じことが言えます。四十人のほとんどすべての子が信用を得る努力をして信頼を勝ち得たとしても、たった一人の約束破り、つまり算式の上では0が一つ入ることによって、同じくそれは崩れ去ってしまう。自分だけの問題ではないのです。学級であれば四十人の中の一人ではなく、一人の中に三十九人分の信頼を背負っているということです。

不要なものが完全にそぎ落とされ、単純化された算式の中に、私たちの人間関係を説明しようとしているのです。こんな話をして、信頼はかけ算のように積み重ねていくものだから、誰一人数字の0になってはいけない、ということを理解させるのも大切なことではないでしょうか。

3 〈無意識に〉いじめの温床を作ってしまう先生

人は弱いものです。優劣をつけて、自分より劣る者の存在を得て、安堵します。きちんと組織として形成された学級であるならば、その頂点に君臨するのは担任です。先生は、権威が落ちたとは言えども、最低限の機能を果たしている学級内では、最高権力者です。

さて、やっかいなことは、その権力を持った担任が、まるで子どものように受け持ちの子どもたちと友達になりたがるのです。それは、呼称に現れます。「ちゃん」「君」「さん」の呼び分けはもちろん、呼び捨てや、ニックネームまで織り交ぜて、子どもたち一人ひとりにラベルを付けていきます。この諸行が、いかに子どもたちの間に序列を作り出すか、想像するだけで空恐ろしくなります。もしも私が保護者の立場なら、わが子を「ちゃん」付けやニックネーム、もしくは、それに準ずる愛称的な親しみを込めた呼び方をしてほしいと願います。なぜなら、先生に好かれている子は、絶対にいじめのターゲットにはなり得ないのですから。呼称を呼び分ける先生に、悪気はないと思います。もしかしたら、そんな先生自身も精一杯のところで、そんなまやかしの安心感を得ていないと、教員を続けていかれないような、ギリギリの指導力しか持ち合わせていないのかもしれません。

しかし、先生たる者にあるまじき行為であり、腹立たしささえ覚えます。それについては、次章27項『親しみを込めて「ちゃん」付けで呼んでくれる先生』、同48項『ニックネームで呼ばれる先生』で詳しく述べてあります。

しかし、それはあくまでも、いじめの温床として機能するであろう背景のことであり、実際にいじめが起こってしまったら、いじめる側の親子が厳しく指導されなければならないことは、言うまでもありません。本章5項『しかたなく子どもや保護者に迎合する先生』のところで、詳しく述べていますが、保護者の一部はなかなか先生の話を聞き入れようとはしません。生起したいじめを止めるには、学校だけでは無理で、家庭での指導が不可欠になります。その指導を実行しなければならない保護者が、いじめを認めないのであれば、そこにこそいじめが継続的に頻発する一因が見えてくるのではないでしょうか。

いじめはあって当然なのだから、事案を必ず報告しなさいと、教育行政も一八〇度転換したかのような豹変ぶりです。確かに、人間は弱く醜いものですから、いじめはあって当然とは思います。しかし、起こってしまった後の解決の道筋に、いじめる側の保護者の理解と協力が得られる保証がないわけですから、われわれ指導者は、できるだけいじめが起こらないように、細心の注意をはらわなければならないのです。

4 〈悪気なく〉不登校の原因を作ってしまう先生

不登校の原因は複雑で一概に述べることは慎みますが、その一つとして学校での居場所がなく、かつ、家でも居場所がない場合に起こる可能性が高いと考えています。学校で友達から心ないことを言われ、傷ついて帰宅しても、家族のサポートがあれば、傷ついた心を癒し、立ち直ることも可能です。家族の適切なサポートが得られなければ、その結果は火を見るよりも明らかです。

もちろん、先生が積極的に傷つけてしまう原因を作り出す必要など、さらさらありません。当たり前です。しかし、直接傷つけなくても、軽率な指導を重ねることにより、間接的に傷つける環境を醸成してしまっている場合があります。例えば、体のことをあけすけに言う環境は、先生の子どもたちへの人気取りとも思えるような軽はずみな行動が引き金になることも多々あります。そのことについては、次章21項『アンパンマンと呼んでくださいと自己紹介する先生』、同14項『赴任のあいさつで、子どもたちに仲良くしましょうと呼びかける先生』で詳しく述べてあります。そこまで子どもたちに迎合して堕落せずとも、子どもたちの心ない言葉、あけすけな言葉が先生に対して、しかも、親しみの表現手段として投げかけられることがあります。「先生、ズボンピチピチ。それ、はかない方がいいよ」「先生の頭、たわしみたいやね」など、太っている痩せている、背が高いだの低いだの、おおよそ言われてもどうしようもないことばかりですが、冗談半分、何の悪気なしに言い放つのです。

そんなとき、たいていの先生はジョークとして、さらりとかわしています。真剣に、怒ったり叱ったりする姿は、見たことがないといってよいほどです。人間は、傷ついている瞬間には、本能的に傷ついていることを隠そうとします。それが証拠に、駅で駆け込み乗車をしようとして、直前に扉を閉められた乗客が、激怒している姿はあまり見かけません。たいていの場合、照れ隠し風に笑っています。

しかし、先生たる者は、子どもの心ない言葉に、たとえ傷ついていなくとも傷ついて見せ、叱らずとも、あけすけなことを言われて傷心していることを伝え、人の体のことは、子ども同士はもちろん、先生に対してでも言ってはいけないことを諭すべきなのです。この当たり前の手続きを踏まないと、先生にあけすけなことを言っても許されているのですから、子どもたち同士でもあけすけなことを言い合う環境が出来上がります。

そして子どもは、先生のようにさらりとジョークで受け流すことができず、傷つきながらどんどん傷心の深みにはまっていくことになります。

それで必ず不登校になるかどうかは、関係ありません。その環境には、気の強い者や社交的な気質の持ち主が闊歩《かっぽ》できる空気が充満しています。そのような個人が強くなければ、生き残れない環境を教室の中に持ち込むべきではありません。

5 〈しかたなく〉子どもや保護者に迎合する先生

私の浅い経験から、見たり聞いたり、自身が体験した話をします。マスコミで報道もされていることですので、周知のことですが、経済的に苦しいからではなく給食費などを滞納する保護者は増えています。もちろん最終的な督促は、担任へ回ってくることが多いと思いますし、私の知る限りでも、結局支払ってもらえず立て替える羽目になったうえ、ついに転勤するときにうやむやになってしまった、という話も知っています。そして、うっかり子どもに督促の手紙を渡すときに、給食のお金だから早く持ってくるようにおうちの人に伝えてね、とでも言うものなら、子どもに金の話をするなと怒鳴り込まれることもあるのです。

修学旅行は、学習の一部だから、宿泊先の部屋割りや行動する班についても、好きな者同士は組ませるわけにはいきません。当然です。そんなことをすれば、日頃から孤立しやすい子がどん底に突き落とされてしまいます。ところが、その当然のことを宣言すると、心配で寝られないと言って、保護者と一緒に学校へ直訴に来ることだってあるのです。

ケンカをして相手の子にけがをさせた子どもを残して、指導してから帰すと、その子がかぎを持っていたため、弟が家に入れず玄関の前で一時間も待ちぼうけをくらわされた。指導したのは、どの教師だとばかりに激高して電話をかけてくることもあるのです。

もちろん、個人懇談会で子どもの至らぬ所を、直接的に伝えてしまおうものなら、その場で何倍もの反撃を覚悟しなければならなくなるでしょう。言っていけばきりがありません。そうならないためには、できるだけ秘密裏に督促の封筒を渡したり、思い通りの部屋割りや子どもの希望に添った班分けなどに配慮したり、ケンカをして相手の子がけがをしていますので指導するために残してもよろしいでしょうか、と連絡を入れたり、個人懇談会では悪いところを指摘するだけでなく、良いところも話すなどの工夫をする必要があるでしょう。

そして、そんな工夫をしてもなお、話がこじれだすと、負の連鎖はとどまるところを知らず、何か事が起こり、次に気に入らないことが生じると、坊主が憎ければ袈裟まで憎いというように、そんな担任の受け持つ学校へは行かせないという本末転倒の脅迫に進展してしまうことも事実としてあります。

このような、特別な例でなくても、日常の学校生活において、個人を厳しく指導すれば、それにヘソを曲げた子どもが学校へ行きたくないと言い出すことは、それこそ日常茶飯事です。一昔前までは、先生に怒られるお前が悪いと、家庭でのしつけがあったのですが、今は、どんな指導をしたのかと先生が問い質され、その挙げ句、学校へは行かせません、もしくは行きたくないと言っているので休ませますなどと、簡単に休ませてしまう保護者が少なからずいることも事実です。本来、子どもを学校に行かせなければならないのは保護者のはずなのに、来てもらわなければならない先生に変わってしまっています。現実に、そんな理由で休むことが続けば、先生は毎日家庭訪問するやら、電話連絡やら、先の見通せないやっかいな状況に追い込まれてしまうのです。

こうした懸念から次第に増える先生の子どもへの迎合の場面は、保護者の後ろ盾により子どもたちが先生の権威を越えてしまっているのではと、見間違えんばかりの状況を生み出しています。

公立学校の教師にとって、学校に行かせないと言われるほど、困ることはないのです。

良い先生、悪い先生の見分け方50

授業参観や懇談会でわかること

1 個人懇談会で子どものことを話すとき、敬語を使ってくれるとても丁寧な先生

先生　「学校ではね、よく先生の手伝いをしてくださるので、とても助かっています」
保護者「そうですか、でも、家ではちっともしはりませんわ。ところで先生、最近うちの子、勉強どう」
先生　「そうですね、概《おおむ》ね理解していただいてるようなのですが、時々宿題の忘れ物があります。帰ったらすぐにしてはるでしょうか」
保護者「いえいえ、遊びに忙しくしてくれてるんで、なかなか。また、家でも言っておきます」
先生　「よろしくお願いします。まあ、学校でも晴れてさえいれば、よくドッジボールをしていらっしゃるのを見かけますから、心配いりません。元気がいちばんです」
今後ともよろしくお願いします、とばかりに保護者を見送ったこの先生の判定は。

◀◀

言葉遣いから読み取れる保護者対応に、異常に気を遣っている姿が見えてきます。特に、保護者よりも若い先生に多く見られる対応ですが、保護者より年齢が上でもそう大して変わりません。もっとも、先生だからといって、保護者に敬語を使わなくてもよい、または年齢が上だから、敬語を使う必要はないとは言っていません。

ここで問題にしているのは、その保護者の子どものことを語るときに、敬語を使って表現するということです。

確かに子どもは、先生にとって人様のお子さんですが、保護者と共に自身も指導監督する立場です。その保護者が、自分の子どもの行いを「〜してくれる」「〜してはる」などと場違いの丁寧さで表現するのですから、勢い他人の先生が敬語口調になるのは理解できます。

ただ、「家ではちっとも手伝いをしはりませんわ」という言い方は、手伝いもしない困った子に対する皮肉を、軽く敬意を交えて言葉にすることで言い表そうとしている感じは受けます。しかし、「おやつばっかり食べてはる」「テレビばっかり見はる」などの身内であるわが子の行動に尊敬語を使って表現することは、どう考えてもおかしいですが、よく耳にすることも事実です。だからといって、そんな保護者の場違いな言葉遣いに乗じてしまったのでは、やはり指導者としては修行が足りないと言わざるを得ないでしょう。

ただし、そうは言うものの、保護者は近視眼的にわが子だけを見ます。それは、肉親として当然のことで、そのことを責めるつもりは全くありません。しかし、教師は子どものことを周囲との関係の中で見ます。また、子どもたちも、保護者の前とは違う姿を、学校という同年齢で構成された社会集団の中で見せます。

だからこそ、保護者の気付かない子どもの姿を指摘することができるのです。その姿は、時には保護者にとって信じられないような醜態と捉えられる場合もあるでしょう。しかも、それは第三者の他人（実は、先生）から指摘されるのです。先生たちは、気を遣いながら、しかし、できるだけ事実に即して、学級集団などで表出された気質を伝えようとするのです。なぜなら、それが先生としての務めだからです。

しかし、たいていの場合、その見立てが間違っているという捉え方をされます。今の社会では、先生に権威など微塵もありませんから、一介の教員の言うことなど、単なる偏見として聞き流されてしまいます。それでも、まだ聞き流してくれればよい方で、悪くすると見立て違いだという指摘から始まり、一通りの反論を受けた後、日頃の鬱憤《うっぷん》晴らしへと、話が拡大していくことが多いのです。学校は集団社会ですから、わが子だけを特別視したくなる保護者にとってみれば、一つや二つ、いやいやいくつも必ず不満に感じることがあって当然なのです。そんな鬱憤に話が進みだすと、前学年のことから根掘り葉掘りという具合に、文字通りぶちまけ話が噴出してしまうこともよくあります。

実は、個人懇談中、先生にとってこれがいちばん困ることなのです。

そのように、感情を害してしまった保護者がとうとう不満を述べているときに、話を切ることができなくなってしまうのです。そして、廊下には次から次へと懇談予定の保護者が渋滞し、長蛇の列をなしてしまう。しかたなく、別の日に時間を取って、再度話し合いということにするしか、方法がありません。そのうえ、長く待たされた後々の保護者は、待たされたことで既に不機嫌な状態で懇談開始という、まさに最悪の状態に陥ることだってあるのです。

こうなる危険性は、話の伝え方が下手だから、子どもへの愛情が少ないから、増すのではなく、教師としての務めに忠実であればあるほど増すのです。よく使う手法で、伝えなければならないことの多寡《たか》によって、懇談予定時間に差をつけます。しかし、そうはいっても限界がありますし、予期せぬ話が持ち上がることも当然あります。限られた時間の中で、予定をスムーズにこなしていくには、本来伝えなければならない本当の話はそこそこにして、上辺の話ですまさなければならないという、あってはならない事態が起こり得るのです。

それは、小学生を持つ保護者より一回りも年齢が違うであろう私ですら感じることですから、同じくらいか、まして下の立場ならばなおさらでしょう。

現実的には、無理からぬ話。敬語を交えて、とにかく保護者の機嫌を損ねぬように、言わなければならないことも言葉を選ぶか、厳選して伝えなければ、業務に支障を来してしまうのです。

これだけの事情をわかったうえでも、やはり×と言わねばならないのは心苦しいばかりですが、子どものことに敬語を使って表現するようでは、本来伝えなければならないことも、伝えられないはずですから、こう判断します。

【総合判定…×】

2 子どもへの言葉遣いが、ソフトタッチでとても丁寧な印象を受ける先生

ある授業参観の一場面（国語の授業）を想像してみましょう。

先生　「誰か、教科書の○○ページを読んでくれる人？」

子ども「ハーイ」

先生　「△△さん。廊下のお母さんまで聞こえるように、大きな声で読みましょうね」

――児童の読み――

先生　「はい、ありがとう。今ね、△△さんはとても大きな声で読んでくれましたが、みんなも負けないくらい大きな声を出せるかな」

先生　「では、その続き、誰か読んでくれる人」

子ども「ハイ、ハーイ」

と、子どもたちは先生に指名されて、入れ替わり立ち替わり、読んでいきます。

子どもたちも活発ですし、先生の優しさや子どもに対する思いやりも十分に伝わる授業です。このような授業風景を参観で、もしくは、実際子どもの頃に直接、経験して覚えていると

いう方もいるのではないでしょうか。

さて、このソフトタッチの先生の判定は。

◀◀

先生に、子どもに対する優しさや思いやりは必要です。当然です。

ところで、この先生は優しいでしょうか、子どもの立場に立って思いやっているでしょうか。

少々、手厳しい評価になるかもしれませんが、私はそうは思いません。確かに、物腰が柔らかそうで優しそうには見えます。見えますが、優しそうに見えるだけです。丁寧に話しているようにも聞こえますから、思いやりがありそうにも見えるのですが、はたしてそれは子どもに対する思いやりなのか、疑いたくなります。

なぜ、そんな印象を私に与えてしまうのでしょうか。


まずこの先生、「誰か、教科書の〇〇ページを読んでくれる人?」と言っていますが、誰のために読んでほしいのでしょう。まさか、先生のためですか。それとも、児童みんなのため、それとも参観ですから参観者である保護者のためでしょうか。

「~してくれる」という言い方は、相手に自分に対する依頼の気持ちを表現するときに使います。この先生は、子どもたちに何を依頼したのか考えてしまいます。

参観であってもなくても一緒ですが、子どもたちが本を読むとき、誰のために読むのでしょう。それは、誰のためでもなく紛れもなく自分のためなのです。子どもたちは、先生や他の子どもたち、そしてもちろん保護者のために読んだり、学習したりしているのではなく、自分を高めるために学習しているのです。

廊下にまで通る大きな声で読んでくださいとお願いし、読んだ結果に対しては何の評価もせず、「はい、ありがとう」と労をねぎらう先生です。

本来は、「はい、ありがとう」ではなく、どこがどう良く読めたのか、もしくは読みとして足りないところはどこなのかという評価を伝えてこそ、学習者である子どもたちが満足するのではないでしょうか。もしかしたら先生のために読んでほしかった。あるいは、読んでもらった他の子どもたちや参観の保護者の代弁者として、先生がお礼を述べて労をねぎらっている。そんな気持ちはないとは思うのですが、少なくとも、この授業の進め方からは、そんな先生の本音が垣間見えるような気がするのは私だけでしょうか。


【総合判定…×】

3 「〜してください」と指示を出す先生

体育館での体育の授業が終わって、先生は子どもたちに指示を出しています。「この後、先生とお母さんたちは教室で学級懇談会を開きます。そのために、少し早めに終わっていますがまだ授業中です。教室へ戻る廊下は、静かに通るようにしてください」

さて、「〜してください」と指示を出す先生の判定は。

◀

◀

この指示の出し方を、×と断じてしまったら、校長先生を含めて現役教員の方から、ブーイングの嵐が起こりそうな気がします。それほど、この表現は指示という形の中でも多用されています。

本来、指示というのは指導者が学習者に対して、何らかの学習行為をさせるべく、何をすれば良いかを明確に示すための言葉がけです。もちろん、学習者には学習する「義務」がありますから、その指示に対して断る権利は持ち合わせません。

こう述べると、学習者である子どもたちには学習する「権利」があるのでは、と思われたかもしれません。確かに、法的には児童には学習する権利があって、教育を受けさせる義務を負うのはその保護者とされます。言うまでもなく、それは教育制度の枠組みの話であって、中身の話ではありません。つまり、学習者である子どもたちは、指導者である先生の指示に従わなければならないのです。そうでなければ、教育は成り立ちません。当たり前のことを、長々と述べてしまいました。

本題の「～してください」表現に戻ります。

先生の指示に確実に子どもたちが従うことによって、教育活動は成り立ちます。子どもたちには、指導者の指示に従う義務があるのですから、「～してください」とお願いをする必要はありません。「～しなさい」と命ずればよいのです。比べてみましょう。

「教室へ戻る廊下は、静かに通るようにしてください」

「教室へ戻る廊下は、静かに通るようにしなさい」

前者は、くださいという依頼に対して、静かに通るか通らないかの選択の余地を感じます。後者は、なさいという命令に対して、静かに通らねばならず、選択の余地はありません。

ただし、文法的な話をしているのではなく、あくまでも指示を受け取る側の感じ方を述べています。ちなみに、文法的にはどちらも命令形となりますが、「～してください」は、目上の人やお客様のように、何かをさせる場合に相手の感情を害さぬよう気を遣いながら、命令というよりは依頼をする形で使われます。

まさか、銀行員がATMの前にできた長蛇の列を整理誘導するのに、「まっすぐに並びなさい」とは、口が裂けても言えないでしょう。「他のお客様のご迷惑にもなります。まっすぐにお並びください」とでも言うでしょうか。あくまでも、平身低頭に。それでも、客としては依頼（命令）されているわけですから、よほど虫の居所が悪くない限り、列を整えることになります。

同じ命令形なのだから、使って間違いと断じるのは乱暴な気がします。しかし、同じ命令形だと知らずに使っているのであれば、かなり問題です。「〜しなさい」というのは、命令口調で押しつけがましい印象を与えるので、命令形ではない軟らかい表現で指示を出そうと考えて「〜してください」と言っているのならば、文法的にも捉え方が間違っていますし、子どもたちに気を遣いすぎているのではと勘ぐりたくなります。

指導者の出す指示は、指示通りにさせなければならないのであって、決して依頼ではなく命令なのです。そういう意味で、依頼の意味合いが強く含まれる「〜してください」という表現は、先生が子どもたちに対して使うべきではないのです。

【総合判定…×】

4 語尾上げ口調を使う先生

ここでは、特に話し相手に尋ねているわけではないにも関わらず、言葉の文末表現（イントネーション）を高くし、疑問を表すような口調を語尾上げ口調ということにします。この語尾上げ口調を文章で表現することは至難の業なので、文字の右側に▲をつけた箇所が語尾上げになっているものとします。個人懇談会で、語尾上げ口調を交えて行われる会話の例をあげてみましょう。

先生「弘君、最近ちょっと不真面目、特に家庭科の授業中、は隣の子にちょっかい、する。だから家でも注意、していただけますか」

保護者「家庭科の先生、は、気に入った子、ばかりかわいがるって、弘は言っているんですよ。たしかにあの先生、えこひいき、されるじゃないですか」

さて、懇談会の席上で語尾上げ口調を交えながら、話す先生の判定は。

この語尾上げ口調には、基本的に話し言葉の途中にも関わらず、語尾を上げて疑問型を挟み込むことによって、いわば強制的に聞き手の同意を取り付けて会話を進めるというずるい仕組みが組み込まれています。しかも、会話文中の▲がついた所で頷かなければ、会話が止まってしまうこともあるくらいですから、強制的に同意させられてしまうこの話法が、個人的には嫌悪感さえ感じるほど耳障りです。

語尾上げ口調がいつから始まって、どう広がったのかは定かではありませんが、初めのうちは「自分が使っている言葉の意味に自信がない場面で、「とても、言ったらいいの」と相手に確認するように使われだしたと思います。日本語に不慣れな外国の方々が使い始めたのが、最初かもしれません。

言葉は、変化するものですから、語尾上げ口調を意識的に使う分には、聞きたくないという個人的な感情を持つ以外は、使うなと言える立場ではないことは理解できます。しかし、この語尾上げ口調を使っているほとんどの人が、自分で語尾上げ口調を使っていることに気付いておらず、指摘しても使っていないと否定されることがほとんどですし、この口調の感染力は強力で、一人が使い始めるとすぐに周囲へと広まってしまいます。ですから、語尾上げ口調を使う家庭の子どもも、必ずといってよいほど語尾上げ口調を使いますし、厳密には語尾上げ口調とはいえないかもしれませんが、答える際に疑問型を多用するようになります。

授業中、語尾上げ口調のように解答する例をあげてみましょう。

指導者「この問題は、足し算かかけ算か、どちらで表すのがいいですか」

子ども「かけ算、がいい、と思います」

もちろん、「先生が尋ねているのであって、あなたが尋ねてどうするの」と、語尾上げ口調ふうに疑問型で答えない方がよいことを、繰り返し諭すのですが、日常の会話の中で語尾上げ口調が習慣化してしまっている子どもたちにとって、一度や二度、注意されたくらいでは直るものではありません。また、もめ事の訴えの中に、この語尾上げ口調が含まれているときは注意が必要と考えています。

「私は、なんにもしていない、のに、A子ちゃんがたたいてきた」

私が直接、この言い方で訴えを聞けば、語尾が上がった所で何も反応しませんが、これも不用意に頷けば、私は何もしていないことに同意したことになりかねません。


先ほどの例題に戻って、懇談会の席上で、家庭科の先生がえこひいきであるという訴えが語尾上げされている部分がありました。聞き手に対して強制的に、同意させる話法である語尾上げ口調が、批判や中傷といった悪意を持った場面で使われる際には、注意が必要です。もし、保護者との会話に「家庭科の先生は子どものことをえこひいきする、ひどい先生」という件《くだり》があって、▲がある部分で語尾が上げられ、先生が「はい」と頷きながら会話が進んでいったらどうなるでしょう。先生は共感してくれたと思われても、仕方ないかもしれません。

また、今のところ、語尾上げ口調のやりとりの誤解が原因で、保護者からクレームが上がってきたという事例は聞きませんが、先生たちの間にもまん延している語尾上げ口調ですから、そうであっても気付かないだけかもしれません。

とにかく、これからの日本をしょって立つ子どもたちを指導する立場の先生です。自分の意見は、はっきりと言い切ることを身に付けさせる指導を心がけるべきで、その妨げになる語尾上げ口調をご自身が使っているようでは、日本の教育もお先真っ暗だと言わざるを得ません。

教員は、世間一般に広く使われている語尾上げ口調であっても、職業柄使わない方がよいのです。なぜなら、私たち教員は言葉を用いて、子どもたちに真実を伝えることを、職業としているのですから。

【総合判定…×】

5 「～せよ」「～しろ」と指示を出す先生

確かに、「～してください」「～してもらいます」などと、丁寧すぎる物言いの先生が多すぎることは事実です。

では、この先生はどうでしょう。

忠夫の担任は、二十代後半の元気はつらつ先生です。休み時間もよく遊んでくれていて、子どもたちもお気に入りの様子です。ただ、保護者としては先生の言葉遣いが、「廊下に並べ」や「本読みは大きな声でせよ」などと命令口調で乱暴に聞こえるのです。

さて、「～せよ」「～しろ」と指示を出す先生の判定は。

▼ ▼

わざと、この先生の性別を隠して表現しましたが、どう読まれたでしょう。知らず知らずのうちに男性教諭と決めつけていたのではないでしょうか。同じ表現を使っていても男性なら許されたり、女性なら許されなかったり、またその反対など立場や条件により、感じ方も相対的に変化します。

性別による偏見については、項を改めるとして、今回は男性教諭としましょう。「～してください」「～してもらいます」などと、丁寧すぎる物言いも改めるべきですが、この命令形そのままの表現はどう捉えればよいのでしょう。

実話を紹介します。

市内の六年生が集まる交流が目的の合同運動会当日、体育の基本は走ることであるのに、指導が行き届かないため、集合の合図に歩いたり、だらだらする姿が目立ちました。それらの行動を指導する言葉に、参観の保護者から先生の言葉遣いが乱暴であるとのクレームがつきました。「早く並べ」「だらだらするな」「走れ」などの言葉が乱暴であるというものです。「並びましょう」「走りましょう」あるいは「並びなさい」や「走りなさい」と言うべきだというのです。常体の命令形が、乱暴であるとの指摘です。クレームがつけば、それなりに対応しなければなりませんので、教員は乱暴な言葉遣いをしないよう配意するようにと指導を受けることになるのです。

しかし、同じ常体の命令形で指導している「前に倣え」を始めとして「体操隊形に開け」や「元の隊形に集まれ」という表現には、乱暴であるとのクレームはつきません。

確かに、言葉は言い方によって、穏やかに聞こえたり、凄《すご》みを増して聞こえたりするので、何でもかんでも常体の命令形を肯定する気はありません。常体の命令形を語気荒く言えば、けんか腰に聞こえるはずで、この実話のクレームもそういう意味でついたのだと理解しています。しかし、教科書や問題集に載っている練習問題の表現をみれば、「次の問題を解け」や「次の中から、適切なものを選べ」など、命令形そのままです。文語体と口語体を混同するつもりはありませんが、基本的には先生が子どもたちに、命令形で指示を出すのは当たり前なのです。

それらのことから結論としては、常体の命令形で構わないということになります。

反対に、子どもたちが指導者に話したり尋ねたりする言葉は、「先生、何してるん？」「休み時間にしてもいいやろ」等々、多くの場合、常体で表現されています。もちろん、それは子どもたちが、適切な指導を受けていないがために、そう表現するしかすべを持たないわけで、適切な指導をしない先生を責めはしても、適切な指導を受けていない子どもたちを責めるつもりは全くありません。

ただし、本来は言葉遣いは、家庭でしつけとして教えられるべきで何でもかんでも先生のせいにされても、先生に取ってみればたまったものではありません。しかし、百歩譲って、現在家庭でのしつけが滞っている現状を鑑みて、先生が家庭の肩代わりをせざるを得ない実情があるだけなのです。

先生が使う命令形が押しつけがましいやら乱暴と聞こえるなら、先ほど述べた「先生、何してるん？」「休み時間にしてもいいやろ」等々という子どもたちの先生に対する言葉遣いを、家庭の責任でしつけるべきだと思うのですがいかがでしょう。

【総合判定…○】

6 授業を進める声が大きく、後ろまでよく聞こえる先生

「はい、座って座って。日直は出てきて、朝のあいさつをしましょう」という具合に、元気よいあいさつが響きあって、一時間目の授業が始まりました。今日は、フリー参観日です。朝からたくさんの保護者が、教室の後ろに列をなしています。

子どもたちも少し緊張気味で、普段よりは声が小さいように感じますが、それよりも教室の後ろや廊下で社交辞令よろしくあいさつを交わす参観者の声が、発言の声を聞こえにくくしているようです。

しかし、先生も手慣れたもの。子どもの発言を、大きな声で復唱して授業に支障なく、学習は進められていきます。

さて、授業を進める声が大きく、後ろまでよく聞こえる先生の判定は。

◀◀

授業参観の子どもたちの様子を見ていると、興奮と緊張という二つの精神的な要素が教室の

雰囲気を作り出しています。興奮度合いは学年が低いほど大きく、緊張度合いは学年が高いほど大きくなるようです。あくまで一般論ですが、それぞれの相関関係で、教室の落ち着き度合いは決まります。高学年では、興奮度合いより緊張度合いが勝るため、普段より発言の声も小さくなりがちということになります。反対から言えば、低学年ではそれほど気にならない参観者の声も、高学年になるほど影響が大きくなるのです。

当然、先生の声もその条件に応じて大きくならざるを得ませんし、周囲の雑音が原因で聞こえにくくなってしまっている子どもたちの発言を、先生が復唱するのはやむを得ないことでしょう。

ただし本来は、日常的に子どもたちの発言を指導者が復唱してはなりません。もしも、参観者の態度が良くできていて、静かな環境下で、しかも指導者が逐一、子どもの発言を復唱しているようであれば、話は別ということになります。

「小さな声で発言しても、先生がきちんと言い直してくれる」この実感は、子どもたちの声に対する責任感を完全に削いでしまいます。子どもたち自身の声で自分の意見を伝え、子どもたち自身の耳で聴き取る。これが将来、社会へ出て独り立ちするときに、最も重要になることは火を見るより明らかです。

それよりも、授業参観中にたとえ廊下であろうが平気でしゃべっている保護者がいたり、時には、保護者の高笑いする声まで聞こえる中、うるさくて友達の発言が聴き取れないことなど当たり前で、先生の発問すら、普段よりかなり大きく発声しなければ、教室の後ろや、廊下側に座っている子どもたちには届かないのが、残念ながら普段の授業参観の現実なのです。

先生が子どもの発言を復唱することを戒めるよりも前に、保護者は自身の参観態度を正す必要があります。

【総合判定…○】

7 軽いざわつきを黙認する先生

さて、四月下旬頃の授業参観を思い浮かべてください。

新学年が始まって、一月も経たない最初の参観日です。授業が始まって十分ほど経ちましたが、立ち歩く子こそいませんが、全体的にザワザワしていて、授業に集中する態度に少し欠けるようです。しかし、授業が成り立っていないかというと、そうでもなく、挙手をして発言する様子も見られます。

担任の先生は、参観日ということもあり、その軽いざわつきを黙認しています。

さて、こんな先生、こんな学級の判定は。

小学校という幅の広い年齢層の子どもたちで構成される集団、つまり学級をひとくくりに述べることはできませんが、参観時の集団としての振る舞いは、年齢が上がるほど落ち着いて見える傾向は指摘できます。

高学年では、保護者が後ろに並ぶと、たいていは萎縮したような態度を見せ、学習の雰囲気としては消極的すぎるのではないか、という印象を受けることが多くなります。

低学年は、その点まだまだ幼く、後ろを振り向いたり、興奮状態で気分が高揚し、普段より落ち着きがなくなることが多くなります。

中学年は、低高の狭間で、低学年の幼さと高学年の大人しさを併せ持ち、低学年を引き継いだほどよい気分の高揚と、高学年への兆しとしてほどよい消極性（落ち着き）を醸し出すことが多くなります。

これらの特性から考えて、参観時に教室全体の雰囲気がざわついていたとしたら、子どもたちの発達段階を加味して、低学年と高学年では正反対の評価、捉え方をしなければなりません。

それぞれの相異なる捉え方は、一般に低学年では興奮状態で気分が高揚しているため、普段よりも余計にざわついてしまっている。つまり、普段は授業参観時ほどではなく、落ち着いているという予想が成り立ちます。対して、一般に高学年では、もし授業参観時にざわついた様子が見られたら、普段はそれ以上に輪をかけたような喧噪状態であろうという予想が成り立つのです。

そこで、低中学年では学級の状態としては、妥協・黙認の範囲内ということで、○。

しかし、高学年ならば保護者の目のない普段の授業では、かなりの落ち着きのなさが見られるはずで、✕。要注意ということになります。

ところで、この軽いざわつきを黙認する先生、黙認というのは黙っていて注意をしないうえに、授業を進めていることになりますから、それは学年を問わず、✕ということになります。

【総合判定…✕】

8 ざわつく集団を、笛を吹いて静める先生

六年生の家庭科の授業参観、専科の先生が裁縫の指導をしています。今日は、エプロン作りで仕付けをかけ、手早くできた子からミシンを使って本縫いへ進んでいます。担任の先生は、子どもたちの間に入って個別指導を行ったり、指導助言をしています。

個別の作業を進度もまちまちに行うので、専科の先生も担任の先生も全体指導や個別の質問の対応に大あらわです。中には、首にかけるためのひもを通す部分を縫い付けてしまっている児童もいて、先生はハサミ片手にその児童が縫い付けてしまった部分をほどきながら、全体に向けて、ひもを通す部分を縫ってしまわないように、「静かにしなさい」「聴きなさい」と、大声で何度も何度も繰り返し指導しています。しかし、子どもたちは自分のことで精一杯の様子で、友達と相談しながら作業に必死です。中には、学習とは無関係の話をしながら作業を進めている子どももいて、先生の声は子どもたちに届きません。このままでは、次々に間違って縫い付けてしまう子が出てくるやもしれません。先生は、ついに笛を吹いて静かにさせ、注意点を伝えてから、作業を続けさせました。

さて、静かにさせるために笛を吹く先生の判定は。

もしも、このような状態が当てはまってしまう学級があれば、学級集団が無秩序な状態に陥ってしまっている可能性がかなり高いといえます。この例では、実習という作業をする家庭科ですからまだしも、もし教室で笛を吹かなければならない状態になると、確実に無秩序といえます。声で伝えようとしても伝えることができないから、大きな音を出せる物に頼るのです。もはや、そこには人と人の意思の疎通は望めません。

　家庭科などの実習では、私語ではなく教え合う声が結果として、ざわつきになってしまう場合があります。学習内容も、前を向いて一斉に授業を受ける形ではないので、なかなか全体に指導を行き渡らせることが難しいものです。しかし、笛は警笛の類ですから、子どもたちに何らかの危険を感じさせ、驚かせて、条件反射で静まらせてしまいます。静まらせる方法が他になくて、どうしようもなく、警鐘を鳴らす意味で笛を吹く前に、ご自分の指導法に警鐘を鳴らした方がよいかもしれません。

　さて、笛を吹いてしまうまでに、何度も注意を繰り返しているようですが、実はそれがいちばんまずい注意の仕方です。一度、「静かにしなさい」「聴きなさい」と、注意をしたらその注意の意味が子どもたちに届き、理解して静かに聴くまで、黙って待たねばなりません。それを待てずに、重ねて注意をしてしまうから、子どもたちは注意をきかずとも、また注意してくれるんだと思うのです。そして、繰り返す回数が多いほど、注意は注意でなくなります。

人は、相手がしゃべっていると安心して、自分もしゃべっていることができます。結果、自分を含めた周囲が全体的にざわつき、その喧噪に埋没しながら安心して、自分もしゃべっていることができるのです。当然、その相手に先生も含まれ、何度も何度も繰り返し静まるように言ってくれている間は、安心していられるのです。

反対に子どもの立場からして、もし、私語をしていて、今まで元気よく話していた先生が急に黙ってしまったら、あるいは、何度も繰り返し注意をしてくれていた先生が黙ってしまったら、どうしたのだろうと、しゃべりを止めて様子を見ようとは思わないでしょうか。もし、私語をしていて周りが静かになってきたら、私語を続けていることができるでしょうか。

それは、われわれの日常生活でも言えることです。何か用事をしながら、テレビニュースを見ていたら、耳で聞いてはいるものの画面に映し出されたアナウンサーの姿は見ないでしょう。しかし、そのアナウンサーが急に黙ってしまったとしたら、あなたは何秒間、画面を見ずにいられるでしょう。相手の注意を引きつけるには、自分の行動に変化を与えなければなりません。いつもしゃべっている状態が普通のアナウンサーなら、黙るという変化は、画面を見ずに何かをしながら、もしくはぼうっと見ている視聴者を画面に引きつけるには、最大で最良の変化といえます。そして、善し悪しは別として、先生もまたアナウンサー同様、しゃべっている状態が多いことも事実です。注意を引きつけたいときには、注意を繰り返すのではなく、黙る。

つまり、相手を黙らせたかったら、自分が黙る。集団を静かにさせたかったら、自分が静かにすることが秘訣なのです。ざわつく集団を前に、繰り返し繰り返し「静かにしなさい」「聴きなさい」と、先生がしゃべってくれている間は、子どもたちも安心してしゃべっていられるのです。

【総合判定…×】

9 ざわつくクラスを静めている先生

家庭科の次は、国語の授業です。授業が始まって二十分ほど経ちましたが、先ほどの時間の雰囲気を引き継いでしまったのか、立ち歩く子こそいませんが、全体的にザワザワしていて、授業に集中する態度にずいぶん欠けるようです。

先生は、ずいぶん我慢なさっていた様子ですが、「静かにしなさい」と一度だけ、決して乱暴ではないものの、かなり厳しい口調でざわつく集団を静めました。

参観日で監視の視線が後ろに並んでいるからか、一度厳しく注意されると、子どもたちはその指導に呼応して静まり、授業は進められていきますが、ヒソヒソと私語は続いているようです。

さて、この先生の判定はいかに。

◀ ◀

ざわついている集団を目の前にして、それらの間違った行動に注意をして正す。それは、当然の指導でしなければならないことです。もし、それをしなければ、ざわつきは喧噪と化し、立ち歩きから教室を飛び出すという具合に、順次エスカレートしていくに違いありません。それを防いでいるこの先生の指導は、しかるべき評価に値するものです。

だから、総合評価はマル。

そうなるでしょうか。

先生自ら注意喚起の声を張り上げ、子どもたちの行動を制止する先生の指導法について考えてみましょう。

いろいろな場面設定が考えられ、一概に評価を下すのは難しいことは確かです。

大別して、静かにしている子はいるものの、子ども同士では「静かにしましょう」などの呼びかけが一切なく、先生が静めている場合、また、静かにしている子の中から、活発な子が「静かにしましょう」などと呼びかけの声があがるものの結局静まらず、先生が静めている場合です。

この二つの場合を考えて、どちらが○、どちらが×でしょうか。

実は、どちらも×と考えています。

もし、先生が「静かにしなさい」や「だまりなさい」と、かなり厳しい口調で注意をしなかったとしたら、いずれの場合でも学級集団はどうなったでしょう。ざわつきは喧噪と化し、立ち歩きから教室を飛び出すといった、いわゆる「荒れ」た状態になるでしょう。それは、一般に「学級崩壊」であるだとか「学級未形成」の状態と評されます。

つまり、この指導をしなければ集団は崩れ去る。崩れ去った集団の中で、子どもたちに学習権を保障することは不可能です。先生自ら、厳しい口調で集団の行動をいさめるということは、そんな危うく綱渡りのような指導を、背水の陣で日常的に繰り返しているということに値します。

この学級集団に、集団としての高まりや集団としての成長は見られません。反対から言えば、この先生の指導では、集団の高まりを期待することはできません。

この先生のどこに問題があるのでしょう。

実は指導者が、集団に対して自ら注意をしなければならない状態というのは、もう既に手遅れかもしれないのです。

本来、学級集団にざわつきが見られた場合、指導者は授業を進めてはなりません。それは、普段の授業でも学習参観時でも変わりありません。ざわつく集団を前に、指導者が声を張り上げて注意をしてもならないのです。でも、注意をしなければ、集団は崩れる。

そうではないのです。

集団は、正しく導けば自浄能力を発揮します。ところが、この先生のように先生が注意をしていると、子どもたちは注意されるまでざわつくようになります。先生自らが、繰り返し注意をするのは論外。繰り返さずとも、先生が声を張り上げなくてはならない状態になる前に、集団の構成員である子どもたち一人ひとりに、授業中の態度をどうすべきかについて、自らの行動を振り返らせ、子どもたち自身の頭で物事の善悪を考えさせるという一本筋の通った指導法を、初期段階から貫き通す。その毅然とした指導者の態度と、貫き通す一貫性が、後で述べる付和雷同型の子どもたちの追随を思いとどまらせ、集団の和を保とうとする理性派が集団内の身勝手な行動を取る子どもたちに対して、注意をできる環境の素地となるのです。つまり、リーダー的な子どもたちが、条件によって良い方向にも悪い方向にも寝返ってしまう付和雷同型の子どもたちを束ねることにより、自己中心的な行動を取る子どもたちの自重を促す。結果、集団の自浄能力は保たれ、初めて集団として高まりへの道筋を歩むようになるのです。

【総合判定…×】

10 参観者を指名して学習に巻き込む先生

六年生社会科の授業参観ですが、近頃の参観者は私語を平気でする人が多くて困ります。この日も、廊下からは私語がうるさく聞こえ、授業を進めにくい雰囲気ができてしまっているのですが、それはさておき授業に戻ります。

「明治時代に結ばれた日米修好通商条約は、不平等条約と言われていますが、特にどの点が不平等であると言われているのでしょう。二つ思い出してみましょう」

常識的な問題と言えるかもしれませんが、日常の実生活に追われ、長く学校から離れている大人にとっては、いきなりこんな質問をされても、思い出すのに苦労するのが実際のところではないでしょうか。

ところが、この先生、子どもたちを指名せずに参観しているお母さんを指名するのです。日頃から子どもには、勉強しなさいとはっぱをかけている立場としては、わかりませんというわけにもいきません。なにしろ子どもの前ですから、参観者もドキドキものです。

教室の空気は一変し、参観者たちも授業を参観するというよりも、真剣に先生の質問を聞き逃すまいと必死の形相になったのです。
さて、参観者を指名するこの先生の判定は。

▼ ▼

例題には、ちょっと思い出すのに苦労する内容を取り上げてみましたが、例えば、「ルールとマナー」の違いを考えるような道徳の授業で、子どもに指名した後に、参観者を指名するわけです。ルールは決まりのことですから、守らねばならぬことで、守らねば罰則が科されることもあります。対して、マナーは礼儀のことで、礼儀を守らないからといって罰則を科せられることはありません。

当たり前のことで、もちろん常識で解決する内容なのですが、突然質問されるとあたふたしてしまうのが人情というものでしょう。

この「ルールとマナー」に照らし合わせて、参観者を指名することについて考えてみましょう。参観者を指名してはならないというルールはありません。しかし、学習の主体は子どもたちですし、もしも参観者を指名して答えられなかったら、恥をかかせることになります。ましてや、子どもの前ですから体面に関わるでしょう。そういう配慮からマナーとして、先生は参観者を指名することは、まずありません。

しかし、その参観者がマナーを守っていなかったら、話は別ということになりませんか。まるで当てられないことをよいことに、気楽に参観できることに気がゆるむのでしょう。授業中に、教室や廊下を社交場と勘違いしたような私語し放題の悪態。子どもたちの発言が、子どもたち同士で聴き取れなくてもお構いなし。携帯電話の呼び出し音は鳴るわ、遠慮なしにしゃべるわ、中には高笑いの声も混じる参観者さえ見受けることがあります。すべての方とは申しませんが、少なからず参観者が、そのような学習のじゃまになる雑音を発しています。決して、大げさに書き連ねているわけではなく、実際の経験に基づく話です。それほど、この頃の参観者の態度はひどいのです。

そんなマナーを守れない参観者に、体面の気遣いをする必要などありません。大いにどしどし当てるべきです。指名されると思えば、しゃべってなどいられないはずですし、指名されて答えられない子どもの気持ちも痛いほどわかるでしょう。

【総合判定…○】

11 ちゃかすような子どもの発言も取り入れて授業を進める先生

今日の参観での授業は社会科です。小学校では、「昔の暮らしに学ぼう」という学習がありますが、今日は昔の台所風景を取り上げて授業が進んでいます。

今は、茶碗や箸といった昔から変わらぬ道具もあれば、ガスや電気でごはんを炊くようになりました。ところで、ガスや電気のなかった時代には、どんな道具を使っていたのだろうと、先生は大きな木箱を示し、一昔前の暮らしへ子どもたちの思考を誘《いざな》っています。子どもたちも、木箱の中に何が入っているのか興味津々といった様子で、すっかり授業に引き込まれてきました。鍋ややかん、竹筒など、知識を総動員して考えています。

そこへ、一人の男の子が、「おかま、うっふーん」とちゃかしたような発言をしました。対して先生、「うっふーんは余計だったけれど、お釜は正解だったね」といって、木箱の中からお釜を取り出しています。

さて、この先生の授業手法の判定は。

この発言をきっかけに、またざわつきが始まってしまったであろうことは容易に想像がつきます。

しかし、ざわつく集団は、初めからざわつく集団であるはずがありません。四月当初の学級開きの頃、子どもたちは様子見をしているような、一種緊張感を持って周りと自分の距離感を計っている時期があります。よく、猫をかぶっていると表現される時期です。

集団の構成メンバーに、どのような気質の持ち主が存在するか、正義の味方のような強力なキャラクターの持ち主は存在するか、集団の和を乱すような身勝手な行動を取る気質の持ち主がどの程度存在するか、等々、集団の様々な構成要素について、構成員同士が力関係を推し量る時期です。そして、何より注目を持って観察されているのが、その集団を束ねる指導者です。何をしたら注意されるのか、されないのか。

そのいわゆる様子見の行動は、ちょっとした私語であったり、ほんの数歩の立ち歩きであったりします。要するに、先生を試すという行動です。この例題の場合は、授業中のちゃかし、軽い悪ふざけということになります。学級開きの頃から、この手の発言を許してきた結果、授業参観でも普段と同様の立ち振る舞いとして、授業中に悪ふざけをしてしまったのでしょう。

こういう軽い悪ふざけで、周囲の笑いをとろうとする子どもたちは、どの学級にも必ずいます。

さて、ここで少し軽い悪ふざけや授業をちゃかすというような、先生を試そうとする行動についてまとめておきましょう。

四月当初の身勝手な行動ではあるが、些細で、見過ごしても大過ないような行動、例えばそれが無駄な私語であったり、授業のちゃかしであったりするわけですが、それを黙認してしまったり、受け止めてしまったとしましょう。

実はこれが初期段階対応のまずさの極みで、この取るに足らない初期の反乱行動は感染力が強烈で、カオス理論に基づいて、二、三日後には教室が、あちらでもこちらでも私語が飛び交うといった混沌《こんとん》状態になり、そこから私語乱舞、立ち歩き放題という無秩序状態へと近づくのに二、三週間もあれば十分ということになってしまいます。そして、二、三か月、つまり一学期が終わる頃には、もはや取り返しがつかず収拾のつけようがない無法状態に陥ります。

集団の構成員には、集団の和を乱そうとする自己中心的な行動を取るタイプと、集団の和を保とうとする理性派のタイプ、そしてそのどちらでもない付和雷同的な行動を取るタイプが存在します。その比率は、感覚的に大雑把に見て、自己中心的と理性派がそれぞれ一割から多く見積もっても二割弱程度、付和雷同的な行動を取るタイプが残り七、八割を占めるという程度ではないでしょうか。

初めに、些細で見過ごしても大過ないような行動を取るのは、もちろん自己中心的な行動を取るタイプの子どもたちですが、ここを見過ごし黙認してしまえば、多数を占める付和雷同タイプの子どもたちが、時間の経過とともに同調していってしまうのです。

この初期の段階で、見過ごしても大過なきような行動に対して、きちんとした対応をしておかないと、このように四月下旬から五月上旬、つまり二、三週間経った頃には、無秩序状態になってしまいます。

では、厳しく叱っていればよかったのでしょうか。厳しく叱られるわけですから、その後の授業もざわつくことなく、落ち着いた雰囲気で進むでしょう。

つまり、厳しく叱る対応ならば文句なくマル、と言いたいところですが、残念ながら、そうはならないのです。


では、子どもの間違った態度に、毅然と襟を正すこの指導のどこに問題があるのか、考えてみましょう。

叱られたこの子は、反省したでしょうか。つまり、自分の頭で自分の行いを省みて、どこが反省すべき点か、この先生は、そういう見通しを持ってこの子を導くべく叱っていたのでしょうか。ふざけていると断じて、高圧的に叱ってしまうと、子どもは萎縮してしまい、自らの頭で自らの行動を省み、考えなければならないはずの思考さえストップしてしまうでしょう。

確かに、叱られれば神妙な態度になるでしょう。もしかすれば、その剣幕に泣きだすかもしれません。しかし、それは単に怯えたり、意気消沈しただけであって、自分の悪ふざけした行いについて省みた結果、反省してうなだれているのではないのです。いちばん大切なことは、この子自身が考えたかどうかという部分であり、そこがこの指導の問題点なのです。

では、このようにちゃかす子どもたちにどう対処すればよかったのでしょうか。

それは、指導者がふざけていると断じるのではなく、「おかまって、お釜のこと」「じゃあ、うっふーんってどういう意味」などと追及をしてもよいでしょうし、「今の発言の目的は何」と、なぜそのような発言をするのか質してもよいでしょう。

つまり、軽はずみに取ってしまった誤った言動に対して、自分の頭で考えさせるように導きます。人は、自分の頭で考えて初めて、主体的な判断や理解ができるのです。

そして、ふざけた態度でちゃかした発言をしてしまったことを省みさせ、そのような行動を取ることによって考えられる悪影響について反省させるのです。

一、自分自身が学習に身が入らなくなる

二、周りの友達の学習を妨げることになる

三、指導者の先生に失礼である

加えて、この場合は参観している保護者の人にも失礼であることを付け加えてもよいでしょう。

指導者は、子どもたちの誤った行動や態度に対して、叱るのではなく、自らの行動や態度について、自分自身で考えさせなければなりません。ちゃかすような発言を取り入れても叱っても、いずれの場合もという意味で判定します。

【総合判定…×】

12 クラス替えをするとき、保護者の申し出を聞く先生

三学期も押し迫ったある日、洋子の保護者から担任の中田先生に相談事があるという連絡があり、懇談をすることになりました。その相談事というのが、次年度のクラス替えで、ある特定の数人とは別のクラスにしてくれという申し出でした。特に洋子はいじめられているわけでもないのですが、保護者が言うには、何年か前に意地悪された経験があるとのことでした。そのような希望は聞き届けることはできないことを伝えたのですが、納得しては帰ってもらえなかったのです。

結局、クラス替えをするときに、保護者の希望通り、特定の数人と洋子は別のクラスに編成したのですが、洋子の保護者からは、礼の一言もないということでした。

さて、クラス替えをするとき、保護者の申し出を聞く先生の判定は。

◀ ◀

クラス替えの手続きは、学校によって様々ですが、基本的に学年担任集団が三月に相談して

行います。もちろん、クラス替えに私情を挟み込むことは、絶対にあってはならないことです。クラス替えの段階で、クラス替えをしている先生自身が次の学年へ引き続き持ち上がることがわかっている場合は少ないのですが、もし、持ち上がることがわかっている先生がいて、その先生のお気に入りの子だけを集めたようなクラス編成が行われたら、保護者の立場としてどう思うのでしょう。

それと同じで、保護者の立場であっても、誰々と一緒のクラスにしてほしいとか、してほしくないとかの私情を挟み込むことは許されないことです。ただし、いじめられているなどの正当な理由がある場合は、その限りではありません。そのような事実があり、かつ指導者側も把握しているのに、いじめが収まらない事実があるならば、その首謀者グループとは、保護者の申し出がなくても同じクラスにはしません。

今回の場合、正当な理由もなく、いわば保護者のわがままで利己主義な主張をごり押ししようとしているのです。当然そんな要求を聞き入れるわけにはいきませんが、中田先生は実際にその願いを聞き入れ、洋子と特定の数人を別のクラスに編成したのですから、とんでもない先生ということになるわけです。

しかし、現実の話をしますと、この手の要求は大手を振ってまかり通っているといえます。

近年、そのような申し出は増加の一途をたどっています。当然、その希望を聞き届けられないと、お断りするのですが、聞いてしまった以上、同じクラス編成にすることもできず、建前上たまたま別編成になったということにしているだけなのです。

反対に、もし中田先生が、洋子と特定の数人を同じクラスにしたら、それこそあれほどお願いしていたのにと言わんばかりに、猛抗議されることでしょう。それで、もし洋子が学校へ行きたくないとでも言いだしたら、最悪です。

現実を暴露すると、言った者勝ちの世界がそこに存在するということです。しかし、考えてみてください。受け持ちの子どもが四十人いたとして、四十人すべての保護者がお互いに、希望を述べ合ったら学校教育は成立しません。

中田先生を×と断じるのは、簡単なことですが、そのような希望は聞き届けることはできないことを伝えたのですし、身内に甘い判定かもしれませんが、○もやむなしということで判定します。

【総合判定…○】

ところで、洋子の保護者から礼の一言もないという表現が気になって、後日中田先生にお伺いすると、せめて礼の一言でも言ってきてくれたら、「そのような申し出があったことは忘れておりました。たまたま、別のクラス編成になったのです」と伝えることができるのに、ということでした。中田先生を責めるよりも、保護者としての身勝手な行動を自重すべきです。

13 挙手をする子がいるのに、挙手なしの発言を取り上げる先生

元気のよい五年生のクラスです。国語の授業ですが、手もよく挙がりますし、発表の声もどの子もだいたいみんなに聞こえる声が出せているようです。授業も佳境にさしかかり、子どもたちの意見にも熱が入ってきました。先生は、主題に迫る発問をして、子どもたちは考えています。約半数ほどの挙手がある中、一人の子が自分の意見を挙手なしに言ってしまいました。どうやら、先生もその意見の方向で考えを深めさせたかったらしく、その意見を取り上げて、「じゃあ、その点について考えてみましょう」と、授業を進めています。

さて、この先生の判定は。

◀ ◀

学校には、挙手を一切求めずに子どもたちのつぶやきを拾いながら授業を進めるタイプの先生もいれば、子どもたちが挙手や起立といった何らかの合図によって意見の有無を示し、指名することで発言を許可するタイプの先生もいます。それぞれの教室で約束事が決められてい

て、それぞれのルールに則って授業が進むのですから、個人的には後者を支持しますが、是非のつけようがありません。

ところで、子どもたちは何のために手を挙げるのでしょう。もし、これを子どもに問うてみれば、当ててもらうためと言ったり、発言するためと答えるでしょう。しかし本来、挙手は、学習内容に対する理解の有無、もしくは意見の有無を表すためのものです。この約束事を、明確に申し合わせてから、つまり言い聞かせてから授業をしている先生は意外に少ないものです。当たり前のように、子どもたちが手を挙げ、何の疑いもなく指名して発言させていると、いろいろなひずみが生じます。

まず、手を挙げているのになかなか当ててもらえないというもの。これは低学年に多く見られる不満です。実際にある話として、参観で手を挙げているわが子は、一度も指名されなかったにも関わらず、よその子は二度、三度と指名されているのは、不公平だという保護者からの意見。挙手のタイミングによってもあり得る話ですが、それより、先生は子どもたちの個性に合わせて、その理解度を推し量っているのです。つまり、子どもがわかっていると先生にわかっている子には、理解の有無を確認する必要もないのです。それで、頻度高くは指名しないわけです。反対から言えば、授業参観では、そういった本来の指名の仕方が、参観者の間違った公平性を求める視点により、歪められていることが言えます。参観の授業が一問一答式の平板な上滑りをしているような展開になることが多いのは、このあたりが一因です。実際、私も平易な発問などを多用して、一問一答式に多くの子に発言させることはよくしました。

次に、発言したくないから、わかっていても手を挙げないというもの。

こちらは、高学年になれば多く見られる現象です。低学年の頃から、手は発言するために挙げるものと信じて疑わぬ子どもたちは、自分の気分のみで挙手するか否かを決定します。そんな子どもたちには、意見や考えの有無を、挙手の有無と連動させる指導が必要になります。その指導は、「意見や考えを持てたら挙手しなさい」「わかったら挙手しなさい」などと具体的に、思考がまとまったり、理解できたことに対して挙手をするように促します。個人の気分だけで、手を挙げたり挙げなかったりを許してしまうと、発問に対して教室の共有の度合いや個人の理解度が読み取れなくなってしまうのです。

さて、本題の挙手をしないで発言してしまう子がいて、それを取り上げてしまう先生がいたとすれば、高学年になるほど多く見られる気分で挙手の有無を決めてしまう以前の問題となります。指導者の発問を教室の問題として共有できていて、思考中の子どもたちの割合がどの程度いるのかという授業を進めるうえで、最も重要な指標である挙手が見られる前に、自己中心的な一部の子どもたちの発言によって授業が進められるのですから、それこそ上滑りの授業になってしまうでしょう。
ところで、例題の先生は、後者の約束事を取り入れながら、子どものつぶやきも拾うという一見柔軟な方法を取り入れているようです。しかし、同じ意見を持っていて、挙手をして意見があることを伝えながら待っていた子にしてみれば、身勝手にルールを無視して言い放ってしまったのに、その意見が取り上げられるのですから、待ちぼうけを食らったり、正直者が損をするといった印象を持ってしまうでしょう。また、手を挙げたくなかった子どもたちにとっては、願ったりかなったり。一部の子どもと先生とで、授業を進めてくれるのですから、ますますお客さん化するでしょう。そして、いちばん迷惑するのが思考中の子どもたちで、一生懸命考えている最中に、答えらしきものを言い放たれて、しかも勝手にその発言に乗っかって、先生が授業を進めていってしまうのですから、何のために考えていたのか、ばかばかしくなるはずです。

【総合判定…×】

14 赴任のあいさつで、子どもたちに仲良くしましょうと呼びかける先生

体育館や講堂で行われる赴任式の様子を保護者の立場で参観することは、規模の大きい学校ほど難しいとは思いますが、ＰＴＡの役員になるとほぼ確実に見られます。また、運動場で行われる場合などは校庭の片隅から、その様子を窺うことは容易です。

さて、新しく赴任された先生方は、壇上や朝礼台に上って赴任のあいさつを子どもたちに向けて行います。

「先生は○○といいます。○○小学校から来ました。先生は、この学校では一年生なので、みなさんの方がいろいろなことをよく知っています。先生が困っていたら教えてくださいね。また、先生はドッジボールが得意です。運動場で見かけたら、気軽に声をかけてきてください。みなさん仲良くしましょう、よろしくお願いします」

いかにも親しみやすそうなフレンドリーな雰囲気を醸し出しています。

さて、この先生の判定は。

赴任式のあいさつでよく聞かれる言葉が、「声をかけてください」や「教えてください」という台詞《せりふ》。そして、「仲良くしましょう」や「よろしくお願いします」と締めくくられることになります。あいさつですから、相手に対して失礼のないようにへりくだった雰囲気を醸し出しながら、話を進めるのは礼儀作法にかなっています。

しかし、「声をかけてください」や「教えてください」とひたすらお願いをし、「仲良くしたい」とラブコールを送り、「よろしくお願いします」と懇願する。

◀

あなたは、先生なのですか。

それとも子どもなのですか。

子どもたちと仲良くするためだけに学校へ赴任してきたわけではないでしょう。それとも本当に、子どもたちと友達になるために赴任してきたのでしょうか。あいさつですから、失礼なきようフレンドリーに体裁を整えているだけで、本当は仲良くするだけではなく、厳しく指導するべきところは厳しく物を言い、もしもいじめるような行動を取る姿を見れば絶対に許さない。仲良くするのは、先生と子どもたちではなく、子どもたち同士なのだということは、教室に入ってからゆっくりと話すつもりなのでしょうか。

もちろん、あいさつという短い時間の枠組みの中で、教育信念や教育方針に基づく話を長々とできるわけがありません。だからこそ、いちばん伝えたいメッセージを簡潔に言い表すことが求められるのです。

校長ならばいざ知らず、一介の教員が全校児童を前に訓話を行う機会はそう多くはありません。ましてや、その先生の雰囲気を決定づけてしまいかねない出会いの場で、「仲良くしてほしい」というメッセージしか伝えられないのでは幻滅してしまうでしょう。

私が幻滅するのではありません。もし、その学校に今現在、いじめられていたり、対人関係がうまく構築できずに悩んでいる子どもたちがいたら、一期一会の教育の機会を、そんな個人的な語りに費やす先生の姿を見て、何を思うでしょう。私がそんな境遇に置かれた子どもなら、通り一遍のあいさつ言葉に、きっと幻滅すると思います。

【総合判定…×】

15 グループ活動を多用する先生

参観していて気になったことがあります。歴史の授業で黒船来航の件《くだり》なのですが、当時の日本人が描いたペリーの似顔絵は、まるで鬼か天狗のような形相です。実際の写真の姿とは似ても似つきません。なぜ、そんな形相に描いたのか。先生は、机を班の形に組み直させグループにして、話し合いをするように指示しています。

次の時間の道徳でも、グループの話し合いをした後に、そのグループの代表が意見を発表しています。

家に帰ってから、子どもに聞いてみると、ほとんどグループによる話し合いが主体で、その後に発表する子も、グループ内の相談で決まるそうです。勢い、発表する子が偏る傾向にあるようです。個人個人が、自分の意見を正々堂々と発表できるように指導することが大切だと思うのですが、いかがなものでしょう。

さて、この先生の判定は。

確かに自分の意見を自分の声で正々堂々と言うことは、最も大切なことの一つです。しかし、現実は、もしも四十人のクラスならば、一人に一回三十秒程度の発言の機会を与えたとしても、それだけで単純計算をして二十分も使ってしまいます。

一問一答式の先生と子どものやりとりならば、三十秒で一人の発言が限界だとしても、例えば学級を八グループに分けて、その中で各々一人が発言すれば八人分の発言する機会が保障されるのです。限られた時間の中で、最大限子どもたちの発言や発言のための思考活動を保障するには、グループ活動が最良といえます。

そんな物理的な計算からだけでなく、自分の意見をいきなり学級全員の前で堂々と発表できる子は限られています。そんな少し引っ込み思案の子にとってみれば、グループという小集団の中で、自分の意見を確かめながら、少しは気が楽に意見を言うことができるのです。初めのうちは、引っ込み思案の子が言った意見を、グループの活発な子が代表として発表することはあるでしょう。しかし、自分の意見が代弁者によって、正々堂々と発表される経験を積む中で、少しずつ自分の意見そのものに自信を深めていくのではないでしょうか。

【総合判定…○】

16 席（グループ）替えをくじ引きで行う先生

なるほど、グループ学習の意義はわかりました。しかし、まだ気になることがあります。それは、確かにグループによる話し合いは行われているのですが、その話し合いがグループによって活発に行われているところと、いまひとつ盛り上がりに欠けるというか、あまり話し合いそのものが進んでいないように見受けられるところがあります。

グループには、そのグループを引っ張るようなリーダー的な存在は欠かせないと思うのですが、様々な特性を持った子どもたちを適材適所配置するのではなく、単にくじ引きでグループの構成メンバーを決めているそうです。それで、たまたま活動的でない子どもたちが集まってしまったグループでは、話し合いが沈滞してしまっているように見えたのです。

さて、席（グループ）替えをくじ引きで行う先生の判定は。

◀◀

四人で構成されているグループを例に取ってみましょう。リーダー的な役割を果たす子どもが一人いて、それとは対照的に引っ込み思案な子が一人いる。あと二人は、自分の意見も言えるが、全体を見通してまとめるまでの積極性は見られない。こんなバランスの取れたグループならば、意見交換がスムーズに運ぶことは事実でしょう。この形を理想とするとして、すべてが理想的なグループに近づくように、指導者が予め、グループの構成員の配置を行えば、全体として学習効率のよい授業展開が望めるかもしれません。

しかし、先生が予め行った配置の意味するところは何でしょうか。他の三人に補完してもらう形で学習に参加する日頃引っ込み思案の一名と、リーダー的な子どもの下で具体的な実務を果たすような役割の二名、そして全体を見通してまとめていく文字通りリーダー格としての役割を持つ一名を決めたのです。先生が、あなたはリーダー格ですよと声に出して言わなくても、子どもたちは察するかもしれません。つまり、先生が子どもたちのグループ内での役割を規定することによって、子どもたちに期待する能力も限定してしまったのです。適材適所の配置の中で、子どもたちは労することなく、自分の持ちあわせている能力内で振る舞えばよいのです。

対して、くじ引きという偶然性に任せた手法で組んだグループの構成員は、どのような配置になるでしょう。もしかしたら、たまたまバランスの取れたグループができることもあるでしょうが、リーダー格の子どもばかりが集まってしまったり、引っ込み思案の子ばかりが集まってしまうこともあるでしょう。では、リーダー格ばかりが集まれば、しきり役ばかりでグループ内の収拾はつかなくなるのでしょうか。経験上、そうはならず特に指導しなくとも、リーダー格の中のリーダー的存在が現れます。引っ込み思案の子が集まってしまったグループはどうでしょう。こちらは少々、指導や助言を与える必要はありますが、やはりその中からリーダー的な役割を果たす子どもがでてきます。

ただし、授業の展開という観点からすれば、もたもたとした効率の悪さを感じてしまうことは否めません。ですが、どちらのグループ分けが本当の意味で様々な隠れた特性を持つ子どもたちを伸ばすことになるでしょう。引っ込み思案の子ばかりが、集まってしまったグループでも、たどたどしくではあるが構成員の意見をまとめていく姿が見られるのです。もしも、先生が子どもたちに期待する能力も限定した適材適所の配置を行っていれば、そんな姿は見られなかったはずです。われわれ指導者は、子どもたちのこの姿のことを成長と呼んでいるのです。

もう、おわかりだと思います。グループ分けを、先生の意図的な判断で行うのは、子どもの隠れた才能を伸ばすという教育の原点に基づいて行われているのではなく、授業をスムーズに展開するために行われるのです。

ただ、ここではグループ編成について、適材適所の配置で行うことを✕と断じますが、適材適所の配置を行っている先生が、すべて意図的に授業のスムーズな展開をねらってグループ分けをしていると言っているのではありません。子どもの能力を伸ばすことより授業の展開を優先させていると批判しているのではなく、授業をスムーズに展開させることが子どもの能力を伸ばすことにつながると、思いこんでいる場合が多いのです。

【総合判定…○】

17 ボディータッチで上手《じょうず》に子どもを集中させる先生

今日の六時間目に体育館で子どもたちに保護者もまじえて、林間学習の説明会がありました。保護者席として、パイプ椅子が百脚ほど用意されています。子どもたちは床に直接体育座りをしていますが、ザワザワとした雰囲気です。

そこへ先生が前に立たれて、何やらジェスチャーのようなことを始めました。どうやら、子どもたちに先生のしていることを真似ろという意味らしいです。子どもたちも普段から、先生のそういう指導になれているのか、頭を触ったり、手を頭の上に挙げたり、肩に下ろしたりしています。その動作に集中するためか、ざわついていたしゃべり声はしだいに止み、最後に先生は人差し指を唇に当ててから、手をそっと下ろしました。

さて、ジェスチャーで子どもたちを静かにさせた先生の判定は。

◀◀

さすがは小学校の先生、子どもの扱いには手慣れたものです。

いろいろなテクニックを駆使して子どもたちの集中を高めることは、指導者の資質として重要な一部分です。

そうでしょうか。そんなはずはありません。

いろいろなテクニックを駆使して子どもたち自身に考えさせることが、指導者の資質として重要な一部分なのです。

この二つの表現には、どんな違いがあるでしょうか。大切なことは、指導者のテクニックで静かにさせたり、集中度合いを高めたりさせることではありません。指導者のテクニックは、子どもたち自身に「今は静かにすべきときなのか」「何に集中すべきときなのか」を考えさせるために用いられるべきなのです。

どちらでも、結局静かになるのだから、合理的に指導者のテクニックで集中させた方が手っ取り早いのではないか。確かに、手っ取り早いでしょう。しかし、ジェスチャーでボディータッチなどをして、子どもたちが集中し、静かになったとしても、子どもたちは何のために静かにしたのでしょう。本来、林間学習の説明会という集会活動ですから、目的は自分たちが参加する林間学習の説明を聞くことです。説明を聞くために集まった席で、私語をする必要はないはずです。この目的や、目的にかなった行動をどうすべきかを、一人ひとりに考えさせることができればよかったのです。反対から言えば、目的を持って行動することの大切さや、目的にかなった行動を考えるのは自分であることを教え、より質の高い集団へと導く絶好の機会であったはずです。それなのに、子どもたちをジェスチャーというお遊びの世界に引きずり込んで、指導者自ら子どもたちの思考を停止させてしまっているのです。それとも、いろいろなテクニックを駆使して、静めなければならないほど子どもたちは考える力がないのでしょうか。そうではないはずです。こんな様子で、説明会を終えて林間に出発したとしても、指導者はただ疲れて帰ってくるだけでしょうし、子どもたちも特に成長することはないように感じます。

【総合判定…×】

18 男子に懇談会場の後片付けをさせる先生

今日の六時間目に体育館で子どもたちに保護者もまじえて、林間学習の説明会がありました。保護者席として、パイプ椅子が百脚ほど用意されている先ほどの説明会です。

一通り説明会が終わり、子どもたちを教室へ返すときに、「男子は、その場に残りなさい。パイプ椅子の片付けをします」と指示しています。当然、女子は体育館を出て行き、残った男子と一部の保護者が手伝って椅子を収納しています。

さて、この先生の判定は。

男は仕事、女は家事という考え方は古風である。

これは、誰しも認めるところでしょう。ところが、男女の体力差を考慮した場合、それぞれの特性に応じて、仕事の役割分担をするのは合理的であると考える方も多いのではないでしょうか。その考え方が間違っているとは申しません。男の方が女に比べて、平均的には力が強いことは事実です。子どもたちにとっては、決して軽くないパイプ椅子を手際よく片付けるには、相応の力は必要です。だから、先生は男子を集めたのです。

しかし、それはあくまでも人間社会を平均的に見ての話。加えて、小学生高学年くらいは、男子よりも女子の方が平均身長や体格も勝るとも劣らないのです。中には、力自慢の女子がいるやもしれません。誤解しないでください。力の強い女子もいるから、男子だけに命じるのは間違っていると言っているのではありません。

誰が、その仕事を担うかは、指導者が価値観を押しつけるのではなく、個性に応じて各個人が判断すべきことなのです。男女を問わず、力が弱いのであれば二人で一つのパイプ椅子を運べばよいのです。

加えて、学校は教育を行う場です。教育的見地から見れば、自分が使ったのではない椅子を、自分の労力を無償で提供して片付けに役立てる心情、つまり子どもたちの個々にボランティア精神が育まれているかどうか、実践的に検証できるまたとない機会なのです。

指導者が、男子と断じることによって、奉仕したい女子の気持ちを踏みにじることになります。ましてや、その押しつけた価値観（この事例では、男は力仕事）が、多くの子が持つランドセルに代表されるように男子は黒、女子は赤という男女の社会的な役割を色分けしてしまうような発想に基づくものならば、指導者としてはあまりにも軽率すぎるというものでしょう。

男の力、女の優しさではなく、人としての力、優しさを育むべきなのです。

少々、蛇足になりますが未だに、「重い荷物を運ぶので、男性の先生方はお集まりください」というような校内放送が流れることがあります。内容が、力仕事であればあるほど、力仕事は男の人がするものなのだと、子どもたちに教育しているようなものです。

いくら、道徳の授業でランドセルの色を取り上げて、男・女というよりも、その前に一人の人間としてという考え方が大切だと説いても、その校内放送のようにわれわれの軽率で思慮浅い現実の姿が、かくれたプログラムとして負の教育をしているのです。子どもたちに及ぼす影響を考えると、それはもう恐ろしくなるものがあります。

【総合判定…×】

19 学年集会や合同体育で、他の学級を誉め、自分の学級を厳しく叱る先生

今日は、三年親子ふれあいドッジボールと銘打った学習参観です。三クラスの子どもたちと、その親が敵味方に分かれて対戦をします。授業が始まり、一組の先生が対戦チームとルールの説明をしようとしています。ところが、興奮気味の子どもたちは、いつまでもダラダラと私語を続けている様子です。そのうち、先生は「さあ、どのクラスが静かになるのが早いかな」と競って静かにさせようと投げかけます。しかし、いまひとつ効果が見られず、比較的静かに待つことができている二組を例にとって、「二組さんは、静かに待てているね、さすがです」と誉める作戦に出ました。それでも私語の止まない様子を見て、たまりかねた先生は、一組の子どもたちを強く叱りました。さすがに子どもたちも、その声をきっかけに全体が驚いたように静まり、やっと説明が始まりました。

さて、他の学級を誉め、自分の学級を厳しく叱って静かにさせた先生の判定は。

おそらく、最後の大声で厳しく「静かに」と叱り、強い調子で制止することが、普段から日常的に子どもたちを静めている姿なのでしょう。なぜそう言えるのかというと、子どもたちを静めるために、いつも強い調子で制止していると、強い調子で制止されるまでは、ダラダラしていてよいと、子どもたちをしつけているのと同じだからです。そんな間違ったしつけを受けた子どもたちは、なだめようがすかそうが、とどのつまり叱られるまで静かにすることはありません。参観では、人目を気にして穏やかな言葉遣いに心がけるのは人情ですから、中学年くらいにならなら、まだ効果がありそうな両者を比較して競争させたり、その一方を誉めたりして静まらせようとしたと考えられます。しかし、普段強い調子で制止されるまでざわついている集団には、効果があるはずもないのです。

では、普段から、どのクラスが静かになるのが早いかな、と競争心を煽って静めているのならよいかというとそうではありません。それでは、相手より早く静かにすることが目的になってしまいますので、みんなでドッジボールをするために静かにするという本来の目的から、子どもたちの意識をそらせてしまいます。

自分以外の学級を誉めるというのも、時々見かける手法ですが、本当に自分以外のクラス全員がよくできているのなら、それで構わないのですが、無理矢理優劣をつけるために自分以外のクラスを持ち上げる感覚で、少々のことに目をつむって（本当は、私語をしている児童もいるのに）誉められるのならば、最悪の指導といえます。

しかも、輪をかけるようにして、自分が受け持つ学級を厳しく叱り、その勢いで全体を静まらせるのでは、単なる脅しに過ぎません。たぶん、実際は全体指導をしている先生が受け持つ学級の子どもたちが、いちばん静かにしているはずなのですが。

また、よく見かける光景に、担任同士の気遣いで、他の学級の児童を、例えば「一組さん」とさん付けで呼び、自分の学級には、「二組」と呼び捨てにする先生の姿がありますが、本来は、気遣い無用。そんな変な気遣いは、すぐに子どもたちが見抜き、なめてかかってくるようになるまでに、そう時間はかからないはずです。

一組であろうが、二組であろうが関係ありません。どのクラスが早く静かになるかも、関係ありません。全体ではなく、一人ひとりが目的を持って行動することが重要であり、そうすることの他に、全体が集団として成長する道筋はないのです。


【総合判定…×】

20 偉そうにしている先生

今日は、一日フリー参観日です。たまたま教室をのぞくと、腕組みをした先生が、何やら泉に話をされています。泉は、うなだれて元気がありません。どうやら、叱られているようです。帰ってきた泉に、話を聞くと宿題を忘れていったため、先生に厳しく叱られたとのこと。様子を聞いてみると、担任の先生はとても厳しそうで、これからがちょっと心配です。

「先生、宿題忘れた」

「泉さん、その言い方は何ですか。きちんとした言い方をしなさい」

前年度までの調子で、新しい担任の先生に報告をした泉でしたが、すかさずこう指導が入ったそうです。

「先生、宿題忘れました」

「それで言い直したつもりですか。泉さん、あなたは宿題を忘れてきたのですよ。その言い方では、またこの次も忘れるのではないかと先生は心配です。今日の宿題は、正しくは何と言えばよかったのかを考えてくることです」

「…………」

丁寧な言い方に変えて、報告をやり直したのですが、先生は誠意が足りないとおっしゃっているようです。今までの先生なら、叱っても明日持っておいでと言ってくれたのに、今度の先生は腕組みをして真剣に叱ってくる。どう言えばよかったのか、訳がわからないと不満たらたら。見るに見かねて親も一緒に考える羽目になったのですが、さて何と言えばよいのやら。

この、偉そうにしている先生の判定は。

◀◀

「実るほど頭を垂れる稲穂かな」

偉そうにしている先生が、子どもの前だけでなく偉そうにしているのならば、是非ともこのことわざを思い出してほしいものです。加齢や社会的地位が上がれば上がるほど、積み上げた歳月や経歴に、反比例して低姿勢に徹することは、人としての道理にかなうことです。

しかし、先生が子どもたちの前で偉そうにしていなければ、というよりは、先生が子どもたちにとって偉いと感じる存在でなければ、学級はおろか教育そのものが成り立ちません。

偉そうにしていれば、子どもや保護者からの信頼を得られるなどという気は、さらさらありません。しかし、いつも友達のように親しみやすいだけの先生や、いつも保護者に気を遣って下手に出てくる先生が、本当の意味で信頼を得ることができるのでしょうか。先生たる者、時と場合によっては、子どもが傷つくのを承知のうえで厳しく物言うことも必要でしょう。保護者の不評を買うことを承知のうえで、子どもの至らぬ点を指摘しなければならないときもあるでしょう。

教育の一面は、教育者が非教育者への価値観の移入を、国家・社会の信託を受けて行うことにより成り立つのです。それは、しつけと称して保護者からの信託を受けた教師が、物事の道理を教える場合もあります。また、学習と称して、社会を代弁者として国家の要請を受けた教師が、物事の真理を教える場合もあります。

いずれの場合も、物事を教えるのですから、教わる側からすれば、信頼に足る存在でなければ、頼りなくて教わる気にならないことも事実でしょう。

ところが、先生のことをこけ下ろす風潮が、一部保護者や社会に散見されます。確かに、不道徳に犯罪まがいの行為をして新聞沙汰になる教員も実在しました。だからといって、十把一絡げにされたのでは誠実な教員にしてみれば、たまったものではありませんが、こけ下ろすとまでは言わずとも、学校やそのスタッフである教員を、サービス業のように思っているのではないかと疑いたくなるような保護者は結構います。しかし、何を隠そうその先生の権威は、こけ下ろしたり、サービス業と思っている当の保護者や社会から信託されているものなのです。

その証拠に、保護者が不信感を持ってしまった担任の言うことを、その保護者の子どもが素直に聞いているという話を聞いたことがありません。

子どもたちにとって、赤の他人である先生の言うことを聞かねばならないという規律は、何によって担保されているのでしょう。他ならず、それは、学校では先生の言うことを聞かねばならないという保護者のしつけによるものに始まります。つまり、保護者の信託なのです。そして、その信託は、義務教育という形で、国家の規律を維持する制度に組み込まれて機能します。戦前の全体主義を例にとればわかりやすいのですが、今の教育がその危機をはらんでいるというつもりはありませんので、その話はこれにとどめます。ただ、昔の先生の多くは偉そうにしていました。

少なくとも現代、国家からの積極的な信託はありませんから、偉そうにしているように見える先生には、昔と違って何か別の要素があるはずです。

私が、もし教わる立場で「偉そうに」と感じるとすれば、私の至らぬ諸行に対して、鋭い評価を下され、悔しいけれども正鵠《せいこく》を得ているので反論の余地がないと感じたときでしょうか。人として未熟な私は、なるほどと納得させられてしまっても、すぐには素直になれないことが多くあります。

さて、この事例に戻って話をすれば、泉の初めの報告は、「忘れた」という言い方でした。

そして、たしなめられて「忘れました」と丁寧な言い方に変えたわけですが、認めてもらえません。先生が宿題という形にせず、そのまま追及をし続けたら、たぶん泉は「ごめんなさい、宿題を忘れました」というふうに、謝罪の言葉を加える方向に考えていったでしょう。この方向に指導を進めていく先生であるならば、それこそ筋違いで、学級王国の絶対君主としての色合いが濃く、保護者として注意深く言動を見ていく必要があります。

先生に対して、謝らせる。これも必要な場合はありますが、宿題を忘れて困るのは自分ですから、今回は筋が違います。先生は、泉さんに今後、宿題忘れを繰り返さぬように、報告の言葉としてのけじめを求めているのです。

「先生、宿題を忘れてしまいました」

この言い方を、先生は待っていらしたのです。「忘れました」では単なる事実の報告。その言葉から感じられる誠意はありません。対して、「忘れてしまいました」には、忘れてはいけない宿題を忘れてしまったので、次回からは気を付けるという誠意を感じることができます。先生は、泉の言葉の中に、宿題に対するいい加減な気持ちがあることを見抜き、厳しく指摘なさっているのです。腕組みをしながら、偉そうにもう一度家に帰って考え直してきなさいと、毅然たる態度を取るのは、子どもたちの間違った態度を前にした指導者として当然すぎることでしょう。

つまり、子どもたちにとって、偉そうに見えてしまう先生は、教室内のいろいろな物事や人間関係の真実を見抜き、それを鋭く指摘してくださる先生かもしれないのです。空威張りでは、話になりませんが、そういう意味での真の恐さは先生に必要です。納得できる部分がある偉そうな態度ならば、保護者として歓迎すべきと考えます。

【総合判定…○】

子どもの話からわかること

21 アンパンマンと呼んでくださいと自己紹介する先生

「ねえ、母さん、今度の先生おもしろいよ」

帰るなり四年生の裕太は、ランドセルをほっぽり出して、まくし立てるように話しだします。

「そう、よかったじゃない。それで、何がおもしろいの」

「あのね、今日自己紹介する時間があったんだけれど、最初に先生が自己紹介したの。それで、ほっぺたをふくらませて先生のことをアンパンマンと呼んでくださいって言うの」

「そう、今度のその先生、太っていらっしゃるの」

「うん、太っているというほどではないけれど、丸い顔でアンパンマンそっくりだったよ」

「それで、みんなは先生のことをアンパンマンって呼んでいるの」

「もっちろん」

裕太は、先生のことをすっかり気に入った様子です。

「それで、そのアンパンマン先生、本名は何ておっしゃるの」

「えーと、何だったけ。忘れた」

お便りで確かめると、千田先生というらしいのですが、初めの出会いで子どもの心をうまくつかんだ千田先生の判定は。

「…………」

とにかく、親しみやすい先生であることは間違いないようです。

自己紹介の時間が終わった休み時間には、先生の周りを大勢の子が取り囲み、アンパンマン、アンパンマンと連呼していたであろうことは容易に想像がつきます。四年生くらいの元気いっぱいの子どもたちにとっては、頼もしい先生の出現でしょう。

子どもたちが先生を好きになれば、その先生が教えてくれる勉強も好きになります。

子どもたちが先生を好きになれば、家庭で親は安心です。反対に、先生とうまが合わなかったり、先生に指導力が足りず、子どもが先生のことを見限ったりするようでは、この一年間を棒に振ってしまうに等しくなります。

だから、百歩譲って、とにもかくにも一応は○と言えそうなのですが、考えてみましょう。この先生の指導法で、一年間という長い期間、子どもたちに何が育つかを。

一年間と言わずとも、この自己紹介の一時間だけを取ってみても、どんな様子だったのでしょう。

先生のくだけた自己紹介で、その雰囲気を引きついで子どもたちも自己紹介をするのですから、当然、おもしろおかしく紹介する子が多かったでしょう。中には、「僕のことをドラえもんと呼んでください」などと言いだした子がいるかもしれません。

その延長上には何があるでしょう。いずれは、〇〇は意気地ないから「のび太」だ。〇〇は、ずるがしこいから「すね夫」というふうに、意図しない渾名《あだな》を付けられる子が出てくるでしょう。

そのときになって、この先生、何と注意をするのでしょう。かつて、ご自身が自分のことをアンパンマンと呼んで、と言ってしまっているのです。まさか、本人が許可したら言ってもよいけれど、本人の許可なしに渾名を使うべきではない、とでも言うのでしょうか。

先生は、思慮浅く愛称としてアンパンマンを引き合いに出したのですが、先生がしていることをまねて、子どもたちは友達の性格や身体的な特徴を、蔑称としてあげつらっていったのです。先生がしていることを、まねて悪いと思うわけがありません。

とにかく、身体的な特徴を捉えて、たとえ愛称としてでも渾名やニックネームに使うべきではありません。この真実を、子どもたちに伝えるどころか、自ら思慮浅く実践してしまったのです。まあ、そこまで集団が質を落とすかどうかは、この先生の指導力いかんにかかっているのですが、あまり期待できないとともに、少なくとも集団が質を落とす方向への素地は養ってしまったと言えるでしょう。

それよりなにより、先生が友達感覚にそこまでへりくだってしまっては、教師と子どもの一線を画することができなくなってしまいます。先生は、子どもたちと友達ではありません。もちろん、アンパンマンでもありませんし、アンパンマン先生と呼ばせるべきでもありません。千田先生は、千田先生でしかないのです。

まさか、千田先生、子どもたちに「アンパンマン」と呼ばれて、うれしそうに返事をしているのでしょうか。

【総合判定…×】

22 年齢を気さくに答えてくれる先生

今年六年生の良夫の担任の先生は、今春大学を卒業されて初めて教鞭を執られた先生です。良夫が、先生に年齢や大学はどこを出たのかなどと訊ねたそうですが、先生は気さくに何歳で某私立大学だと答えてくださったとのこと。ちなみに、お子さんこそいないものの、既に結婚もされているそうです。

さて、子どもの無邪気な質問に、私生活に関わることなのに正直に答えてくださる先生の判定は。

▶▶

若いはつらつとした先生の周りには、休み時間ともなれば、子どもたちの人だかりができていることでしょう。当然、新しい出会いは、子どもたちにとってワクワクドキドキ、興味津々で、どんな先生なのかいろいろなことを早く知りたいと思うことは当然です。何歳から始まって、出身大学、既婚未婚、恋人の有無、子どもの有無、住所等々、とどまることを知らない興味が、矢継ぎ早に質問として繰り出されます。なんとも、ほほえましい風景です。

しかし、とどまることを知らないのが子どもたちの興味で、中にはそのうち、興味本位の質問に走ってしまう子どもたちの姿が必ずといってよいほど出てきます。「先生、恋人おれへんの、ふられたんやろ」「恋人と、どこまで進んでるの？」、中にはあけすけに「もう、恋人とした？」などと、質問しているのか冷やかしているのか、にやにやしながらからかうように言い放つ姿です。もちろん、そんな質問攻めにあっている頃には、ついていけない子どもたちは遠巻きにするか離れていっているでしょう。

さて、どうしましょう。

初めのうちはよかったけれど、気さくに答えているうちに、一部の子どもたちの質問内容がどんどんエスカレートしていってしまいました。まさか、そんな質問にまで正直に答える先生はいないでしょうが、ここにきてエスカレートした質問に対して、おもしろ半分で訊くべきことではない旨、諭しましょうか。ただ、もしおもしろ半分ではなくて、こういう類の質問があるのなら、もちろん個人が特定される形ではなく、生きとし生けるものの崇高な営みとして、互いが真摯な態度で学び合うことは言うまでもありません。

今回の場合、質問内容がそこまでエスカレートしてしまう前に、できるだけ早いうちにプライバシーに関することは訊かぬがよいことを、子どもたちに伝えるべきだったのです。

日本では、比較的許容されている年齢を訊ねることも、欧米では非常識とされるようです。英語教育も始まり、ますます日本人の国際化が求められる昨今を鑑みるなら、実は、いちばん最初に発せられた質問内容である「先生、何歳」に対して、プライバシーの観点から訊ねるべきではないことを、状況に応じた解説とともに、子どもたちにわかりやすく諭すべきだったのです。

何でもかんでも秘密にする必要もないとは思いますが、個人情報についての質問は、たとえ子どもといえどもプライバシーに最大限気を配ったうえでしなければいけないこと、安易に訊くべきではないことを伝える絶好の機会でもあったのです。先生と子どもたちの印象深い出会いの語らいを、ただ仲良しの雰囲気を醸し出すだけに使っているのでは、指導者としてはまだまだと言わざるを得ません。

【総合判定…×】

23 ざわつく集団を叱りつける先生

五年生の学年集会でのことです。今日は、学年全体が集まり遠足の説明会をするようです。三学級あり、百人ほどの子どもたちを抱えるこの学年の特性として、学年全体が集まり大人数になると、私語が増えて全体的にうるさくなる傾向がみられます。そこで、今日も日頃から厳しく学級を指導している五十代の男性教諭が、全体指導をする担当になっています。

集会場所の体育館に次々と学級単位で集まってくる子どもたちですが、あまりしつけが行き届いてない様子で、ザワザワと私語が止みません。業を煮やした先生は、全員がそろった頃を見計らって「こらっ、静かにしろー」と大声で一言、恫喝《どうかつ》します。

集団は、水を打ったように静まり、先生は本題の遠足について話を進めていきます。

さて、集団を厳しく叱る先生の判定は。

◀◀

「こらっ」とばかりに恫喝するような乱暴な言葉遣いは、先生としての品位を疑うというか、控えるべきだと思うのですが、反対に、もしこの先生がそうせず、集団のざわつきが収まるのを、ただ待っていたらどのような結果になったでしょう。おそらくは、延々と私語が続き、集会に充てた時間の半分やそれ以上を浪費して、肝心の遠足の説明会は時間不足に陥っていたでしょう。

集団を育てるには、それなりの技術が必要なのです。

ここで、集団の育て方について詳しく触れるわけにはいきませんので、そちらは、『待ちの指導法―自ら育つ集団へ、学級経営のいろは―』（岡島克行　文芸社　二〇〇七年）を参考にしていただくとして、ここでは集団に叱るという行為を考えてみます。

この先生の場合、叱るとも言えない乱暴な言葉遣いをしているのですが、集団を一人ひとりの集まりの百として見るか、百人集まった一として見るか、ここの捉え方が重要になります。当然、前者の場合、集団を微視的に捉えているため、個々の構成員に配意した指導ができますが、後者の場合は、集団を巨視的に捉えているため、全体指導を行ってしまう結果になります。

集団がざわつくというのは、集団の構成員のある割合がざわついているのであり、その割合が高まるほど全体的なざわつき度合いは増すことになります。当たり前のことを言っているのですが、本来個別にざわつきに気付かせていく指導をしなければならないところを、巨視的に捉えれば、これを無視して、集団として十把一絡げに叱るという行為が行われるのです。

しかし現実には、集団内にいて羽目を外し、私語をしているのは一部分であり、集団全体ではないのです。もしも、私語をしているのが大部分ならば、これは論外で緊急避難として、大声で制止することもやむを得ないかもしれません。悲しいことですが。

いずれにせよ、集団に対して声を荒げて怒るや叱るといった指導は、モグラたたきゲームで機械全体を覆い尽くすような大きなハンマーを使い、本当は数か所しか飛び出してこないモグラを一網打尽にねじ伏せようとすることと等しいのです。

ゲームの世界では、ルール違反ですし、第一そんなハンマーでゲームをしてもおもしろくも何ともありません。ただ、見た目は上辺だけの高得点が望めるかもしれません。それは、現実の集団指導でも同じでしょう。ただし、機械が壊れるまでの間だけです。何度も叩きつけるうちに、機械そのものを叩きつぶしてしまうことになるでしょう。

現実の集団で言えば、まだまだ育てていかねばならないものの、自分のことだけはきちんとできていて、先生の話を聴こうと前を向いている子どもたちも叱りとばしてしまうのです。それでは、子どもたちが良い意味で集団のリーダー格として頭角を現そうとしても、大きなハンマーに萎縮して、二の足を踏んでしまうことにつながります。

ゲームの世界と混同することは戒めますが、出てこなければならない、出てくるように育てなければならない子どもたちを押さえつけてはならないのです。

これが、集団を叱ってはならない、その理由です。

【総合判定…×】

24 子どもの間違った行動に対して、その場で注意しない先生

圭子のクラスでは、図工の授業で平和を訴えるポスターを描いていました。規定の授業時間を使っても仕上がらなかった数人の女子が居残りをして、放課後にポスターの続きを描いています。そこへ、隣のクラスの女子が入ってきて、筆を持って友達の作品の色塗りを手伝い始めましたが、教室にいる先生は特にとがめる様子もありません。手伝ってもらった女子は、さっさと仕上げて帰り支度も始めています。圭子は、善くないと思ったので、手伝ってもらわず、黙って自分の作品作りに励んでいましたが、一向に注意をしない先生の様子を見て、「先生も気にしていないようだから、私のも手伝って」と友達に言って、一緒に色を塗ってもらって仕上げました。

ところが、明くる日、先生は帰りの会で、色塗りを手伝ってもらった出来事を個人名は出さなかったものの全員の前で話して、とても残念であったと指導をしたらしいのです。帰宅した圭子は、その場でいけないことはいけないと注意をしてくれていたら、私だって手伝ってもらわなかったのにと、母親に不満をぶちまけています。

さて、この先生の判定は。

◀　◀

読者が圭子の母親ならば、どんな対応を取ったでしょう。その場で注意をすべきだという圭子の言い分に同調して、圭子と一緒になって先生批判を展開したでしょうか。それとも、先生がどうであれ、自分の責任であると、自分のことを棚に上げて先生のせいにしている圭子をたしなめたでしょうか。

それを判断するために、この先生の指導法は正しいのか否かを考えてみましょう。

確かに、先生が隣のクラスの子が入ってきて、友達の色塗りを手伝い始めたときに、注意をしていたら圭子も手伝ってはもらわなかったはずです。

しかし、その場合、手伝ってもらってはいけないという善悪の判断の基準は、何に基づくのでしょう。先生が叱るから、先生に注意されるから、叱られそうな、あるいは注意されそうな行動はしない。つまり、判断の基準は先生の行動であって、事の善し悪しを自ら判断しているわけではありません。それでは、善悪の判断をしているとはお世辞にも言えません。

すぐに注意するということは、圭子が判断する間もなく、先生が判断を下すのですから、圭子は自分の頭では何も考える必要はなく、外圧に従っただけということになります。

どうでしょう。そう考えると、注意されなければしてもいい、誰も見ていなければしてもいい、バレなきゃいいんだという価値観を感じないでしょうか。この先生は、圭子のそんな一面を引き出し、学級全員に通じる話として匿名で話しながら、諭していたのです。

ただし、暴力的な事例であったり、子どもたちの身に危険が及ぶような事例であれば、その場で間違った行動に対しては制止し、その行動に至ってしまった考え方に対しては説諭などの指導を行うことは当然です。それは、一般にしつけとよばれる範疇《はんちゅう》に属するからです。しつけは、事案発生後間髪を入れずに、社会的に認められた価値観を教え込む必要があります。

対して、今回の事案は、色を塗ることを手伝ってもらって、作品としては台無しになってしまうかもしれませんが、誰かが傷ついたり、誰かを傷つけたりする性質のものではありません。自分の作品として提出する絵に、友達の手を借りてよいのかという道徳観が問われているのです。しつけに見られる、駄目なものは駄目という直線的な指導の範疇から、道徳観の醸成という観点が加われば加わるほど、高度な指導が求められます。この部分が、しつけだけではすまない、高学年を指導する難しさの一面でもあります。

子どもたちが取る間違った行動に対して毅然とした態度で臨むことは、指導者として必要不可欠な資質です。しかし、それ以上に、子どもたちが取る間違った行動に対して、子どもたち自身がどう判断するか見守り、見極めることができれば、それは単なる指導ではなく、かなり卓越した指導法といえるでしょう。じっくり待つべきところは待ち、心理の深層に迫って指導をすることが、本当の意味での道徳性を涵養することだからです。

想像してみてください。この先生が、初めに色塗りを友達に手伝ってもらいながら、手早く済ませ帰り支度をしている子どもたちを、どんな思いで見ていたかを。そこで、待てずにしつけ的な指導を入れていたら、圭子の道徳観は揺さぶられなかったはずです。いかに揺さぶられようが、信念に基づいて行動する大切さと、まだそれには至らない圭子の未熟さを、見事にあぶり出して指導なさっているのです。この先生、じっくり子どもたちの成長を待つことができる指導の達人といえるのではないでしょうか。

【総合判定…○】

25 提出物のプリントやノートなどの向きにうるさい先生

明弘の担任の先生は、毎時間授業の始まりには、机を縦列、横列とも物差しではかったように並びを整えさせるような神経質な先生です。もちろん、あいさつのお辞儀の仕方も、深々と頭を下げていないとやり直しになるそうです。テストプリントは、もちろん名前の順番に提出させ、一人でも順番が入れ替わっていたら注意を受けるとのこと。宿題を座席の後ろから集めるときにも、集めた子が集めた枚数のプリントをトントンと教卓で揃えてからでないと受け取りません。もちろん個人で提出するときも、上下が逆さまになっていたらすぐさまやり直しという具合に、徹底的にこだわるそうです。それは、すべて先生の都合によるもので、単に点検するときに面倒だから、そうさせているとしか思えないのです。

さて、提出物の向きや揃え方にこだわる先生の判定は。

表面上は、全く指摘の通り、事務的処理の都合によるものです。四十人もの子どもたちが向きもバラバラに出したのでは、その向きを揃えるだけでも手間です。また、名前順もお構いなしに提出されたのでは、提出未提出を点検するにしても非常に時間がかかります。

先生によっては、宿題などを登校した順に教卓へ提出させる場合があります。その提出の仕方を見ると、ほとんど例外なくプリントが右や左にずれて重なり合い、上下はお構いなしに中には下に落ちているプリントもちらほらという状態です。だから、勝手に提出させてはいけないのではありません。登校順に提出させても、きちんと揃えさせる指導法はあります。

実は、それが表題にあるように、子どもたちに提出物の順番や向きを揃えて出すようにうるさいほど指導を重ねることなのです。

その理由として、先生がプリントや宿題を回収したり、点検したりするときに手間がかかり面倒であるから、と言ってしまってはどうでしょう。そんな身勝手な都合で、口うるさく言われたのでは納得するでしょうか。

たぶんしないでしょう、最初のうちは。

しかし、先生と子どもたちは、礼節をわきまえた人と人のつきあいをしているのです。先生の仕事であるプリント回収などを、その先生の手間をできるだけ省くことができるように気遣うことができる子どもたちに育てることが、先生としての最大の務めといえます。

実は、先生の手間がかかるということは、先生の単なる身勝手な都合ではなく、人と人が思いやりながら協力して社会生活を営むうえで、必要な都合なのです。バラバラに出されたのでは、先生としては大変なんだというメッセージを、生の声として直接子どもたちの心に届けることで、子どもたちは先生を思いやることの必要性に気付き、少しずつではありますが、順番を違えず向きを揃えて提出する子が増えてくるのです。

それは、先生と子どもたちの間だけでなく、子どもたち自身と社会の様々な人々との関わりそのものの話です。親ならば誰しも、人様に不必要な迷惑をかけないように、相手を思いやることができる人になれと願うでしょう。その相手として、子どもたちの最も身近な存在が、学校の先生なのです。学校の先生を思いやることのできない子どもたちが、これから先、社会で出会ういろいろな人々を思いやれるようになるはずがありません。

とはいうものの、日常生活の生活習慣にかなり近いところのしつけの話ですから、一朝一夕には、その子どもたちの行動を修正できません。そこで、この先生のように提出物の出し方に徹底的にこだわり、しつけ続けていくことが必要となるのです。

【総合判定…○】

26 学習指導に厳しく、質問にも答えてくれない先生

今年三年生の和志のクラスの担任が、新任の女の先生に替わりました。話を聞いていると、まじめで教育熱心な先生のようですが、和志は、厳しいから嫌いだというのです。和志が言うには、続け字のような手早く書いた文字ならもちろんのこと、漢字練習ノートに一つでも間違いがあれば一行消して書き直しさせるそうです。二年生までは、間違えた字だけを書き直していたのですが、その指導の差についていけないようです。

また、こんなこともあったそうです。

「先生、シカってどう書くのですか」

「辞書があるでしょ、自分で調べてごらん」

漢字の文章を作っているときに質問しても答えてくれないというのです。他の教科でも同じ調子だそうです。いつもこんな調子で教えてくれないので、ちょっとアドバイスをくれたら、学習が能率良く進むのにと、和志も不満そうです。

さて、学習指導に厳しく、質問にも答えてくれない先生の判定は。

漢字学習を合理主義的に捉えれば、覚えればよいわけですから、画一的に一行あるいは二行練習という学習方法は、覚えている漢字に費やす労力は無駄と捉えることもできます。ただ、学校で出される漢字を一定量反復して練習させる宿題は、単に漢字を覚えさせるという意味合いだけではなく、家庭学習を一定時間行うように習慣づける意図や、文字を丁寧に書くための反復練習という意味合いも含まれ、短絡的に無駄と断じるべきではありません。ですから、続け字のような乱雑な文字を書けば、やり直しを命じられるのは当然と言えます。

それより、そんな乱雑さやたくさんの漢字の中から一文字でも間違いが含まれていればやり直しをさせるのですから、先生は血眼で宿題の点検をなさっているのでしょう。子どもたちが、文字を正しく覚えるように、そして丁寧な誰もが読みやすい字を書けるように、必死で指導してくださっているのです。少々の乱雑さには目をつむり、適当に大きな何重丸かを付けて返す先生と、保護者としてどちらの先生を望むでしょう。

また、子どもの質問に答えてくれない先生というのは、本当に良い先生です。最高です。決して、皮肉ではありません。

反対に、例えばすぐに「シカ」は「鹿」と書くんだよと書いてくれたりするように、何でもすぐに答えてくれたり、先生が調べて解答を示してくれたりするのでは、誰の学習になっているると言えるでしょうか。子どもたちは、ただ聞くだけで何の労もなく解答を知ることになります。そんな学習では、おそらく、その場限りの上辺の記憶としてそれらの学習内容はすぐに忘れ去られてしまうでしょう。

では、それら学習すべき内容をしっかりと記憶させるために、自分自身で調べさせるのかというと、そうではなく、大切なことは学習する方法そのものを学習することなのです。いつでも何でも、人から教えてもらって解決するのではなく、自分の力で解決に導く手法を身に付けることが大切で、その手法を勉強するところが学校の一面なのです。

例えば、この例の場合、鹿という字がわからないから、辞書のひき方を教えてほしいというのであれば、また米の生産高の調べ方を教えてほしいというのであれば、和志の先生も労をいとわず喜んで教えてくださったでしょう。だから、「辞書があるでしょ」と言い、「調べてごらん」と、まずは自分自身で調べるように促しているのです。

本当の優しさとは、厳しさの中にこそあるのです。

【総合判定…○】

27 親しみを込めて「ちゃん」付けで呼んでくれる先生

今年五年生の藍の学年は、クラス替えはあったものの藍についていては、受け持ちの坂下先生は替わらず持ち上がりになりました。

ベテランの女の先生で気心も知れているようです。そのせいか、先生は苗字では呼ばず「藍ちゃん」と名前で呼んでくださるそうです。藍が言うには、自分を含めて数人だけが名前で呼んでもらっているようで、新しく坂下先生の学級になった子どもたちは、苗字を「さん」付けや「君」付けで呼ばれているそうです。

さて、特定の子どもにだけ、「ちゃん」付けで呼ぶ先生の判定は。

▼

当たり前ですが、子どもたちは担任の先生を選ぶことはできません。強制的に、担当となった先生と最低でも一年間、共に笑い、共に泣き学校生活を共に過ごすのです。その先生が、自分のことを「ちゃん」付けで呼んでくれるのですから、かわいがられているという優越感は実感できるでしょう。

子どもたちは、年齢が上がるほど、学級内に小集団を作って、その集団に埋没する傾向が見られます。男子より女子に、その傾向は強く現れるようです。特に女子には、友達は数人もいれば充分だから、それ以上の子からは嫌われてもいいなどと強がっているかのように、頑《かたく》なにその小集団に固執する姿が見られることが多くあります。しかし、いくら強がっているように見えても、集団外にいる子から積極的に敵意を持たれたい、嫌われたいと望む子はいません。

理想的にいえば、人は誰にも嫌われたくなく、みんなから好かれたいのです。ただ、現実的には不可能だから、嫌われてもいいと言ってみたり、嫌われる前に嫌いな素振りを醸し出して遠ざけたりしている姿を、時々見かけるということでしょう。

ましてや、相手は先生です。かわいがられたいかどうかは別として、少なくとも先生から嫌われたくはない。このことは、誰が何と言おうと絶対的な真実でしょう。

そんな藍が、先生から「ちゃん」付けをしてもらえるのです。いわば、先生のお気に入りリストに登録されているのです。藍の立場からすれば、これ以上言うことはありません。

先生も人間ですから、子どもたちみんなから好かれたい。これは本音です。しかし、先生である以上、子どもたちのご機嫌ばかり取っているわけにもいきません。間違った言動に対しては、厳しく注意することも必要です。故に、みんなから好かれるということはあり得ないが、少なくとも嫌われたくない。これも、本音でしょう。

しかし、先生は指導者です。子どもたちと友達ではありません。藍ちゃんに好かれるため、藍ちゃんと友達感覚を醸し出すためならば、苗字でなく名前で呼ぶことは有効な手段でしょう。しかし、先生が指導者である以上、いくら藍ちゃんと呼んでも友達にはなれません。

それどころか、藍ちゃん以外の子の立場からしてみれば、藍ちゃんばかりかわいがってというように見てしまうかもしれません。子どもたちも呼び方でえこひいきとまで感じることは少ないようですが、不満の温床になることは間違いありません。

それだけではありません。親しい子には「ちゃん」、しっかり自律できていて先生とは一定の距離をおく子には「さん」、そしていつもやんちゃをする子には呼び捨てというのであれば、「一体あなたは誰？　子どもなの？」と言いたくなってしまいます。そうやって、先生が丁寧に一人ひとりに貼り付けたラベルは、やがて子どもたちの間でレッテルとなって固定化され、子どもたち同士の力関係を増幅してしまうことは間違いないでしょう。

先生の思慮浅い身勝手で軽率な行動が、仲間関係にひずみを作るのです。

【総合判定…×】

28 男女を問わず全員に「さん」付けで呼ぶ先生

特定の子どもに「ちゃん」付けをしていた坂下先生が、反省をなさって、その次の新年度から、受け持ちの子どもたちを男女を問わず、「さん」付けで呼ぶと宣言をしました。「君」で呼んでくれとまでは言わないものの「俺は男やで」と、間違っていると言わんばかりに抗議する子もいます。

さて、男女を問わず「さん」付けで呼ぶ先生は？

◀◀

特定の子に「ちゃん」付けをするから、不満の温床になるのだから、みんなを「ちゃん」付けで呼べばいいじゃないの、と「ちゃん」付け作戦を始めた坂下先生ですが、一つの問題にぶち当たりました。それは、女子には「ちゃん」を付けやすいのですが、先生と同じくらいの背丈か、それよりも高いような男子には「ちゃん」付けをしにくいのです。また、背丈の問題だけでなく、やんちゃで粗暴な行動が目立つ男子にもやはり感情的に「ちゃん」付けしづらいという現象です。結果、多くの子には「ちゃん」付けできても、全員となると難しいという答えが返ってきたそうです。「ちゃん」という呼び方は、普通、愛しさの感情を込めて年端のいかない小さい子どもに付けられることが多いものです。背丈で愛しさに欠けるから「ちゃん」付けできないと決められてはたまりませんが、粗暴な行動が目立つから「ちゃん」付けしにくいというのはわかるような気がします。

特例は除いても、男子には付けにくい「ちゃん」ならば、大人の世界では男の人にも当たり前に使われている「さん」を付けて呼ぼうということらしいです。

理由はともあれ、男や女というその前に、一人の人間として一人ひとりを分け隔てなく、統一した呼称で呼ぶことは大切なことだと思います。男女を問わず「さん」付けでというと、女らしい男を育てようとしているのかと揶揄《やゆ》されることがあります。確かに、テレビの世界には、なよなよとした男性のタレントがお茶の間をにぎわしていることも事実です。しかし、そんな大人に育ってほしいと願って、「さん」付けをしているのではありません。

男らしく女らしくも大切なことと考えています。でも、その一つ前に、人間らしくという価値観を大切にしたいのです。

また、日頃男の子は「君」で呼ばれることが多いので、子どもたちが戸惑うのではと、心配するむきもあります。でも、実は子どもたちは男の子に「さん」を付ける呼び方には、一年生から慣れ親しんでいるのです。一度、算数などの教科書を見てください。「花子さんは、あめを二こ持っています。太郎さんは、あめを三こ持っています。二人合わせてあめを何こ持っているでしょう」という具合に、太郎君ではなく「さん」付けで表現されています。

子どもたちは、われわれが思っているほどこだわりを持っていない場合がほとんどです。

だからといって、女子には「さん」、男子には「君」を分けて使っているから、よくないという話にはなりません。子どもたちは、いろいろな価値観を持った先生に触れることによって、自らの価値観を豊かにしていくのです。同じ学校内に、「さん」、「君」を使い分ける先生や、全員に「君」を使う先生、全員に「さん」を使う先生など、様々いてよいと思います。ただ、子どもたちが、どうして先生は全員に「さん」を使うのかなどと尋ねてきたとき、その目的や信念を話してやることが大切で、そんないろいろな価値観に出合うことによって、子どもたちは自らの価値観を豊かにしていくのだと思います。

つまり、全員を「さん」で呼ぶ先生も、「さん」、「君」を呼び分ける先生も、いろいろな先生がいてよいわけで、そんな理由で✕にはなるはずがないのです。

【総合判定…○】

29

休み時間、自由に黒板に落書きさせてくれる先生

剛の先生は、子どもたちにとって、なかなか物わかりがよい先生であるらしく、休み時間や放課後に自由に黒板を使わせてくれます。もちろん、悪口を書いたりや不快に感じる絵などを描けば、当然注意されますが、それ以外は大目に見てくださっているようです。

子どもたちは、人気漫画のキャラクターを描いたりしています。

さて、黒板に自由に落書きさせる先生の判定は。

▼▼

剛の学級の黒板を想像してみてください。常に自由に使える黒板であるならば、さほどきれいには拭き取られていないのではないでしょうか。乱暴に、上下左右に拭き殴られた黒板には、チョークの白い粒子がくすんでいるはずです。それとも、落書きの後はきちんと丁寧に消すように指導されているでしょうか。それならば、まだましですが良いとは言いません。

黒板の拭き方は、縦でも横でもかまいませんが、一方向へ黒板に押しつけるように直線的に

拭き取るのです。私の場合は、一度そのようにして粗拭きをした後、クリーナーをかけた黒板消しで二度拭きをします。それは、私が神経質だからではありません。

なぜなら、黒板は指導者の命、指導者の心を映し出す鏡だからです。

黒板には、子どもたちに伝える新しい知識や、人としていかに生きるかという価値観などを伝える文字を書くのです。はたして、乱雑に拭かれ、白い粒子が残っているくすんだ黒板に書かれた文字で、新しい知識は新鮮なままで、人生の価値観はその価値を保ったままで、子どもたちの心に届くのでしょうか。私は、疑問を感じます。

さらに、私は絶対に子どもたちに黒板を自由に使わせません。落書きなどは、もってのほか、連絡なども指導者の許可なしには書かせないのです。新しい知識や人生の価値観を学ぶのが黒板であって、落書きをするために黒板があるのではないのです。どこの先生が、算数や国語のノートに自由に落書きをしてもよいと言うでしょう。黒板はすぐに消せるからと、安易に許してしまうのかもしれませんが、いくら消したからといって、一時はやはり落書きが黒板に存在したのです。黒板の落書きは消し去れても、子どもたちの心に映った落書きの文字は、決して消し去ることはできないのです。

そんな神聖な黒板をみだらに使わせるべきではない。それもありますが、理由はそれだけではありません。

私が受け持つ学級では、子どもたちが黒板に文字を書くということが、非常に珍しくめったにできない行為となるのです。めったにできないことは、したくなるのが人情です。授業中に自分の意見や考え、獲得した知識を発表する際、黒板に書けることが珍しい行為でそれ自体が喜びとなります。高学年になればなるほど発言や発表に消極的になるものです。しかし現に、六年生でも私が受け持っていた子どもたちは、ほとんど全員が書きたいという気持ちを前面に出していました。

ホワイトボードの利用や、スクリーンに映し出すコンピューターの映像など、いつまでも黒板とチョーク一本といったスタイルで授業を行うことが批判されている昨今ではありますが、それでもやはり黒板は、今後も指導者の心を映し出す教室の鏡という不動の地位を譲ることはないと思います。

【総合判定…×】

30 あいさつのときに頭を下げない先生

「今度の先生、あいさつのときに自分は礼をしないのに、僕らには頭を下げなさいって言うし、何だか勝手やなあ」

今年四年生の和夫のクラスは、初めて男の先生が受け持ちになりました。三年生まで、女の先生にしか受け持ってもらっていなかったので、少々戸惑っているようで、こんなことを話したのです。ちょっと気になる内容だったので、よく聞いてみると、今日の帰りがけの終礼で、教壇に立つ先生と子どもたちが「さようなら」とあいさつを交わしているときに、和夫が先生の様子を上目遣いに見ていたそうです。その様子をご自身は礼をせずに、突っ立ったまま見ていた先生が、あいさつはきちんと頭を下げて相手の方に礼を尽くすことが大切であると和夫に対して注意なさったそうです。

さて、あいさつのときに頭を下げない先生の判定は。

次の場面を想像してみてください。

運動場で全校児童朝礼が行われていて、朝礼台に立たれた校長先生と全校児童が、朝のあいさつを交わしています。進行役の「気をつけ、礼」をいう号令に続いて、「おはようございます」というあいさつとともに、互いが頭を下げ合っています。気持ちのよい朝のスタートです。各クラスの担任の先生は、通常受け持ちの子どもたちの先頭か最後尾にいます。

さて、読者が先生であれば、ちょっと思い出してみてください。その号令とともに礼をしているでしょうか。もし、頭を下げて礼をしているのならば、受け持ちの子どもたちは、礼儀正しくお辞儀をして、校長先生とあいさつを交わすことができていますか。この問いに自信を持って答えることができるのであれば、全く問題ありません。なぜなら、その場合きっと、入学当初や各学年の初めに、号令と同時に頭を下げ合うのではなく、先生が子どもたちのあいさつの様子を観察する時期があって、あいさつの仕方をきちんとしつけられて、お辞儀の仕方を身に付けた子どもたちがいると想像できるからです。授業の終始に行う礼についても、受け持ちの子どもたちはみんなが礼儀正しく頭を下げてあいさつしているのか、と問われれば答えられるでしょうか。そう言われれば、どうだろうかと悩んでしまうのは、子どもたちがあいさつをしている様子を観察していないからではないでしょうか。

指導者は、起立、礼の際に子どもたちが礼儀正しく頭を下げているか見届けてから、頭を下げてあいさつをすべきなのです。この手続きを踏んで初めて、礼儀正しいあいさつができるようになっているのかどうかの判断がつくのであって、初めから一緒にあいさつすることが礼儀だと勘違いしていると、子どもたちに礼儀正しいあいさつの仕方を指導できないのです。一定期間、そんな指導があって、そのうえで一緒に頭を下げ合ってあいさつするのであれば申し分ありません。

同じように、「おはようございます」というあいさつも、あいさつされるから返すのではなく、自発的に行うことができる子どもたちに成長しているのかを見極めるためには、初めから終わりまで、先生が率先してあいさつしているようでは駄目なのです。もちろん、先生からあいさつをしても構わないし、そうすることが必要な指導段階もあるでしょう。決して、何が何でも先生からあいさつをすべきではないと言っているのではありません。

でも、この事例では、先生も子どもたちに説明不足のことがあるのかもしれません。こんなことを、お子さんが言いだしたら、相談として先生にお尋ねになるとよいでしょう。きっと、この先生も、「先生は、君たちが礼儀正しくあいさつができるようになっているかを見るために、タイミングをずらしてあいさつをしますよ。もちろん、そのときにきちんとお辞儀のできていない子がいれば、先生のあいさつは抜きにして、その子に注意することになります」と、お話されていたと思います。子どもたちは、聞いているようで聞いていなくて、聞いていてもそれが重要であるかどうか、判断がつかないため、肝心な部分が抜けて伝わっている場合が多いものなのです。

【総合判定…○】

31 校門で「おはようございます」と機械のように繰り返してあいさつしている先生

「おはようございます」「おはようございます」と、校長先生と立ち番の先生が、登校してくる子どもたち一人ひとりに、声をかけています。

子どもたちの様子は様々で、元気よく「おはようございます」と返しながら通り過ぎる子もいれば、ぶっきらぼうに「おはよう」とだけ言う子。中には、全く無視してうつむいたまま通る子もいます。

さて、「おはようございます」と機械のようにあいさつを繰り返す先生の判定は。

▼

▼

先生であれば誰もがあいさつは大切であると説くでしょう。しかも、友達や特に目上の人、学校で言えば先生になりますが、相手に率先してあいさつできる子どもたちが増えれば増えるほど、校風は礼儀正しさを増していきます。

さて、もしあなたが先生であって、「あなたの学校の児童生徒は率先してあいさつできますか」と問われたら、答えられるでしょうか。常に、先生から「おはようございます」と模範を示して、それに呼応するようにあいさつを返している子どもたちの姿があるならば、率先してという意味であいさつをできるのかと問われれば、即答できないのではないでしょうか。もちろん、30項の『あいさつのときに頭を下げない先生』で述べたとおり、先生が率先していれば、そのうちに自発的にあいさつをする子が増えてくることも事実です。決して、何が何でも先生からあいさつをすべきでないといっているのではなく、先生からあいさつしない場面を設定することで、より積極的に道徳性を涵養しようと言っているのです。

率先して「おはようございます」とあいさつしていて、子どもたちが無視したら、もちろん指導するでしょう。率先して「おはようございます」とあいさつしていて、子どもたちが「おはよう」とだけ返してきても、指導するでしょう。指導しないのであれば、あいさつすべきではありません。

とは、言うものの難しい時代です。子どもたちに、もっとフレンドリーに声かけをしてにこやかな雰囲気を醸し出さないと、何やら不安を感じてしまう先生も多いと思います。それもわかりますので、せめて先生からあいさつの言葉をかけるのであれば、朝のあいさつで「おはよう」とだけ言うようにしてはいかがでしょう。

「おはよう」とあいさつされて「おはよう」としか返せない子はたくさんいます。そんな子に、日本語のあいさつ言葉の中で敬意を表せるのは、「おはよう＋ございます」の朝のあいさつセットだけであることを伝えて、目上の人に対する礼儀を説くのが指導者の務めではないでしょうか。朝にうっかりと、目上の人に「おはよう」と常体であいさつを返してしまったから、その失礼を取り返そうとしても、お昼に「こんにちはでございます」とは言えないのです。

また、このあいさつは、人と人を結ぶ要《かなめ》の行為です。ここで、人と人との結びつきを寸断することによって増長されるいじめと関連づけて考えてみます。

目上の人からかけられる「おはよう」に対して「ございます」を付けてあいさつを返す感覚は、自分以外の人に敬意を持って接する気持ちにつながります。自分以外の人、つまり友達を人として尊重し、先生を目上の人として敬意を払う。そのような学校に、いじめが多発するでしょうか。友達を人とも思わず、先生を友達以下に見下す。いくら何でも、そんな学校、学級はないと思われますか。そんな学校、学級があれば、そこには人を人とも思わぬ感覚を育ててしまう温床ができ、いつでもいじめが起こりうるのです。

しかし、今、いじめはどこの学校、学級にも起こりうるものだとの認識が、校長を始め、教職員に求められているのです。つまりいくら何でも、そんな学校はないと思った学校が、どこにでも身近に存在するのです。媚《こび》を売るとまでは言いませんが、「おはようございます」と、目上である先生から繰り返し機械のように声をかける。すべての子ではないにしても、それに対して子どもたちが無視したり、ぞんざいに「おはよう」としか返さない。それでいて、先生もその場で指導するでもない。

この状況が、いくら何でも、そんな学校はないと思った学校、そのものではないでしょうか。あいさつをすれば、いじめがなくなる。そんな短絡的なものではないことは、重々承知です。しかし、あいさつ言葉の中の日本語の特性を教え、尊敬語や謙譲語とまではいわずとも「です」「ます」といった丁寧語の中に含まれる相手を尊重する心根を伝えることによって、なくならずとも、減らすことはできる。

そう、信じたいものです。

【総合判定…×】

32 修学旅行の質問に個別に答えてくれない先生

あさってから、志乃は修学旅行です。風呂から上がってきた志乃が、「修学旅行ではいつも使っているシャンプーとリンスを使えないからいやだなあ。いつも使っている自分のを、持って行ってもいいのかな」と言います。

「先生は、説明会で備え付けのシャンプーがあります、とおっしゃっていたわよ」と、母。

「でも、リンスのことは言ってなかったでしょ」

「シャンプーがあるのだから、リンスは付いているでしょう」

「でも、このリンス、お気に入りなんだけれどなぁ」

「じゃあ、明日、先生にそのシャンプーとリンスを持って行っていいか、尋ねてみたら」

「うん、そうしてみる」

そして、修学旅行前日の帰り際、職員室へ寄って先生に、そのことを尋ねてみたそうです。ところが、先生はあなたにだけ自分のシャンプーとリンスを持ってきていいとは言えない、と言ったそうです。

そんな言い方をされても、娘は迷うだけです。先生の対応に不満の残る保護者としても、先生の考えを質そうと思い放課後電話してみました。

さて、個別の質問に答えてくれない先生の判定は。

◀◀

「先生、志乃が修学旅行の件でお尋ねしたと思うんですけれど、きちんと答えてもらえなかったと言っているんです。どういうことか、説明していただきたいんですけど」

「ああ、その件ですか。それは、志乃さんが職員室へ来る前に、つまり六時間目が終わった後の帰りの会で、明日からの修学旅行に備えて心配なことはないか、あればみんながそろっているこの機会に尋ねておくように、と言っていたのですが、志乃さんは忘れていたとか言いまして、その後、個別に職員室へ聞きに来たんですよ」

「だったら、先生、なぜ持って行っていいのか、よくないのかおっしゃってもらえないんですか。何も、持って行かせたいと言っているのではないですよ。駄目なら駄目とはっきり言ってもらえればいいのにと言っているのです」

「ですから、いいとは言っていません。いいですか、お母さん、もし担任である私が志乃さんにだけ、そのシャンプーとリンスを許可すれば、修学旅行で自分のお気に入りのシャンプーやリンスを持って来ている志乃さんを見て、周りの子はどう思うでしょう。約束違反だという思いを持つのではないでしょうか。そこで、志乃さんが先生に許可をもらったということになれば、なぜ志乃さんだけという思いを持つとは思われませんか」

さて、これだけの会話で納得してもらえるかどうかは極めて疑問ですが、とにかく先生は、質問があればみんなの前で答えられる場面設定のときのみ答えると宣言なさっていたのです。結果的に、特定の子にだけよいと許可をすることになってしまう個別の質問には答えられない。この感覚は、集団に対する接し方として、公平性を保つうえで重要な観点になります。

修学旅行のこの一件に限らず、普段から聞きに来た子にだけ許可を出すような指導を繰り返していると、子どもたちは許可をくれそうな先生に、質問をしに行くようになります。そしておきまりの文句は、誰々先生がいいと言ったモン。個別に対応しなければならない事案と、集団のルールとして全体に返すべき事案を区別して対応するのが、学校という集団生活を送る子どもたちを指導する先生に求められる感性といえます。

この辺りの感覚が、家でわが子のみに対応する親とは違うところです。

【総合判定…○】

33
修学旅行の入浴シーンの写真を張り出す先生

修学旅行から一週間ほど経ったある日、志乃が帰宅するやいなや、血相を変えて話します。

「あのね、母さん。今日、学校で修学旅行写真の申し込み袋をもらってきたんだけれど、その写真の中に私たちのお風呂の写真が張り出されているの。男子がおもしろがってるから、すごくいや」

「それって、服を着ているところでしょう」

「ううん、違うの。湯船に浸かっているところで、体は写ってないけれど、胸のこの辺までは写ってる」

「そうなの、それはちょっとね。それで、女子の写真だけなの。男子の入浴シーンは張り出されているの」

「うん、張り出されているよ、そりゃあ、男子だったらよいけど」

「そうね、母さんもちょっと気になるから、先生に尋ねてみるわ」

その写真は、業者が貼りだしたものらしいのですが、もちろん先生の許可を取って張り出しているとのこと。さて、入浴シーンの写真を、男子のみならず女子の分まで掲示する許可を出した先生の判定は。

もし、この事例が女子の入浴シーンだけを張り出していたとしたらどうでしょう。法的には問題ないかもしれませんが、少なくともセクシャルハラスメントの誹《そし》りは免れないでしょう。場合によっては、先生の責任問題に発展するかもしれません。しかし、今回は男女両方の入浴シーンを掲示しているわけですから、問題はあるにしても、短絡的にセクハラと決めつけるには無理があるように感じます。

ところで、男子のみの入浴シーンが撮影され、張り出されているということは、日常的によく見かける学校の風景です。そして、そのことが問題視された事例を、少なくとも私は知りません。反対に、女子だけの入浴シーンを掲示すれば、たぶん問題視されるはずです。そのことは常識的に当然で、そのこと自体を批判するつもりはありません。

しかし、教育現場では、男らしくや女らしくということも大切にしますが、その大前提として人間らしくということを第一義におきます。この先生も、「男子ならよくて女子はよくない」や「女子ならよくて男子はよくない」という性差を社会的な部分で極力なくそうとして、男女双方の写真掲示をしたのでしょう。

しかし、社会通念上、認められる範疇を逸脱しているとの指摘に対して、いかに肩口までの写真とはいえ、女子の入浴シーンを公開することを納得させるだけの根拠も見つけることはできません。

だから、女子の入浴シーンの写真を張り出す先生は、✕というのではありません。もし、男子のみの入浴シーンの写真を貼りだしていても、やはり✕と考えます。「男子ならよい」は裏返せば「女子ならよくない」です。女子だから、という理由でしてはいけないことがあるのだという教育は、学校には必要ありません。なぜなら、男子だからしてもよいという教育と等しいからです。その教育は、結果的に女子の不利益につながります。男子の入浴シーンのみの写真を張り出せば、男子のみが小学生時代の思い出の一コマに、入浴時の写真を購入できるわけです。修学旅行中の入浴シーンを撮影してほしい女子がいるか、また、それを購入したい女子がいるか否かは関係ありません。女子だからという理由で、選択の幅が狭められていることに変わりはないのです。

「女子ならよくない」ならば、「男子でもよくない」や、「男子ならよくない」ならば、「女子でもよくない」という感覚こそ、人間としての本質的な価値観を大切にしたい学校現場にふさわしいものです。こう考えを進めていくと、男女両方の写真を張り出すならば、どちらか片方の写真を張り出すよりは、理にかなっていると思います。それでも、社会通念上○と判断する勇気がありません。わざわざ女子の写真だけを張り出すことはないと思いますが、それならば、わざわざ男子だけの写真を張り出すこともないと思います。教員は、このあたりの感覚を研ぎ澄まして指導に当たるべきですが、先ほど述べたように男子のみの写真を張り出すということは、よくある話なのです。

結論として、女子の入浴シーンが駄目なら、男子の入浴シーンも駄目であるとなり、それならば入浴シーンの写真は男女とも張り出さないのが正しいということになります。

【総合判定…×】

34 丁寧語で話さないと答えてくれない先生

「僕の先生、答えてくれへんときがあっていややなぁ」
四年生の充志が、気になることを言うので話を聞いてみました。
充志「先生、うちわ持ってきていいやろ」
先生「…………」
充志「何であかん、一組は持ってきていいねんで。そんなん、一組だけずるいわ」
先生「…………」
充志「黙ってんと、何とか言うてえや」
先生「充志さん、何で答えてもらえないか、あなたは、まだわかっていないようですね。先生と話をするときは、丁寧な言葉遣いをしなさいと、ずっと言っているでしょう」
つまり、充志の言葉遣いが丁寧ではないので、返事をしてもらえなかったらしいのです。確かに、学年の最初に丁寧な言葉遣いをしましょうと、学年全体にお話なさっていたそうですが、返事くらいしてもよいのにと思います。

さて、丁寧な言葉で話さないと答えてくれない先生の判定は。

◀◀

丁寧な言葉で人に接しましょう。特に目上の人に対しては、常体表現をせずに敬語を使うようにしなければなりません。

このことは、先生であれば必ず指導していることです。よく、職員室で「誰々先生、おる」などという言葉づかいに対して、「おる」ではなく「おられますか」または「いらっしゃいますか」でしょう、と指導している光景を見かけます。そして、職員室へ入るときは「失礼します」と言って入る。出るときは、「失礼しました」と一礼をして出る。できているか否かは、別として完璧な指導です。

ところが、自分と子どもとの会話になると、対応が変化します。

充志「次の時間、体育は外（運動場）、中（体育館）どっち?」

圭祐「先生、俺、体育館シューズ持ってきてないで」

仁「俺も先生、運動場でしようや」

先生「外です。リレーの練習をするので、体操をして待っていなさい」

充志「なあんや、体育館シューズを持ってきてしもたやろ。それ、先に言うといてや」

先生　「教室の黒板に書いてあるでしょ、あなたたち見てなかったの」

この会話が、職員室ならば、「外、中どっち？　ではないでしょう。どちらですか、と言いなさい」と指導することも多くなるでしょう。それが、自分以外の先生、例えば体育専科の先生に対してならばなおさら、校長先生に対してならば絶対です。しかし、自分との対応になると礼儀に関する対応が甘くなるようです。

担任と受け持ちの子どもたちとは、家族同然の気が置けない仲ということでしょうか。しかし、子どもたちにとってみれば、相手が校長先生であろうが、体育専科の先生であろうが、また担任の先生であっても、先生に変わりはないのです。だから、担任の先生が許す言葉遣いは、先生一般に当てはめられてしまうのです。いくら、職員室で校長先生に対する常体表現に冷や汗をかきながら、タイミングを見計らって注意指導をしても、教室などへ戻って、日常的には子どもたちの常体表現を認めるのであれば、子どもたちはますます迷うばかりです。

しかも、この会話の例でも、子どもたちの常体表現に対して、先生は敬語を使って対応しています。「体操をして待っていなさい」の「〜なさい」は「〜なさる」という尊敬動詞の命令形です。つまり、先生の指示に従って体操をした子どもたちは、体操をなさったわけです。それでは、先生は、子どもたちに尊敬語を使っているのに、子どもたちは先生に常体で表現する。先生と子どもたちと先生の立場が逆転してしまっています。

だから、子どもたちにも尊敬語を使わせようと言っているのではありません。子どもたちもせめて丁寧語で話すべきだと言っているのです。

「です」「ます」といった丁寧な言い方は、言葉自体に相手を思いやる気持ちが含まれています。先ほどの例では、子どもたちは、自分たちが黒板の連絡事項を見落としていたにも関わらず、先生に、体育館シューズを持ってきてしまったことと、事前に連絡すべきであることへの不満の感情をストレートに表現しています。この場面で、丁寧な言葉遣いをしなければならなかったとすると、「そうなんですか、体育館シューズを持ってきてしまいました。それ、先に言っといてくださいよ」とでもなるでしょうか。そうはなりませんね。第一、そんな不満の感情を丁寧語に変換しているうちに、丁寧語では不満をストレートに表現しにくいことに気付くでしょう。つまり、相手を思いやってあけすけな言葉遣いを慎むことができます。この場合は、それが、自分が黒板を見落としていたことを指摘されるというやぶ蛇状態を回避することになります。また、充志、圭祐、仁が、先生にそれぞれの質問や思いをたたみかけるように話していますが、この現象は常体表現を許している場合に際立って見られるものです。普段から、きちんと丁寧語で話すように指導していると、このたたみかけるような話し方はしなくなり、誰かが話しているときには待つようになります。きっと、子どもたちは、常体で思い浮かんだストレートな感情表現を、一旦頭の中で丁寧語に翻訳しているのでしょう。その翻訳にかかる時間、つまり一呼吸が置かれるために、周りを見る時間的余裕が生まれ、誰かが話しているときは待つようになるのだと思われます。丁寧語には、直接話す相手のみならず、周囲の人たちにも気を配る効果もありそうです。

本来、これら言葉の正しい使い方については、家庭でのしつけの問題です。その家庭でのしつけが滞っている現状があるために、学校で先生が肩代わりしているだけなのです。家庭内で敬語を使うべきかどうか、戦前や戦後間もない頃にはそうしていたようですが、私も懐古趣味はありませんので、そうすべきだとは思いません。しかし、そのために、家族間では敬語を使わなくてもよいけれど、先生やお隣ご近所など、周囲の大人の人にはきちんとした言葉遣いをするのですよ、というしつけの部分が学校に置き換わるため、学校で先生が、担任には敬語を使わなくてもよいけれど、専科の先生や校長先生など、担任以外の先生には敬語を使いなさいと、すり替えられてしまってしまっているのではないでしょうか。

先生は、やはり家族ではありません。この先生のことをとやかく言うならば、家庭で言葉遣いのしつけをすることが先決でしょう。

【総合判定…○】

35 良いことを奨励するためにシールをあげる先生

二年生の俊樹は、家に帰るなり、「お母さん、僕ね、一番先にシールがゴールしたんだよ」と興奮気味に話し始めました。

よく話を聞いてみると、二年のトイレの前には、シールを貼り付ける欄が付いている名簿が張り出されているそうです。教室の後ろにも、同様の名簿が張られています。それぞれ、トイレのスリッパをきちんと揃えたり、教室や廊下に落ちているゴミを拾うと、一枚シールをもらえるのだそうです。先生は、いつもシールをたくさん持ち歩いていて、ゴミを拾ったり、スリッパを並べたりしている子を見つける度に手渡してくれるというのです。そのもらったシールを、名簿に貼り付けていって、俊樹が一番にゴールしたというのです。

さて、良いことをする度、シールをくれる先生の判定は。

大人が想像する以上に、子どもたちはシールが大好きです。二年生でなくても、六年生でも結構喜ぶ姿を見ます。

さて、それとこれとは別で、善行のご褒美にシールをあげるというこの先生ですが、子どもたちは、善行が目的なのでしょうか。それともシールをもらうことが目的なのでしょうか。シールをもらうために、善行をするのであればしない方がましです。これは、断言できます。

いや、そうではなく、子どもたちは張り出された名簿にシールを貼り付けて、その数を競い友達に抜きん出ることが目的なのかもしれません。善行は、他人と競ってするものではないはずです。一つのゴミを取り合って、自分が先に見つけたから、そのゴミは僕のだというような言い争う姿があるのなら、その光景は、やはり変です。そして、たぶんそのゴミを「拾ったよ」と先生に見せに行くのでしょう。ここまで話を進めれば、善行のご褒美にシールを出す軽率さがはっきり見えてきたと思います。

本来、ゴミは誰のために拾うのでしょう。自分を含めたみんなが、清潔な環境で過ごすために拾うのです。みんなのことを思って自分のためにするのだから、善行をしたからといって、対価を求める類のものではないのです。

ましてや、先生がシールを持ち歩いて善行を見つけしだい手渡すのであれば、きっと子どもたちは先生の前でだけ、善行を行おうとするはずです。

人は悪いことをするときには、かくれてしまいますが、これは誉められません。良いことをするときに、かくれてするくらいの気持ちを持てば、美徳になるでしょう。指導者は、さりげない美徳を、できるだけたくさん見つけて、できるだけみんなに紹介する。ご褒美に先生の言葉や、みんなの拍手があってもよいでしょうが、シールなどの物品に置き換えるべきではありません。

【総合判定…×】

家庭でわかること

36 連絡をせず休ませたとき、午後になって出欠確認の電話をかけてくる先生

子どもの病気などで学校を休ませたりすると、担任の先生が電話をくださるときがあります。

先生「今日は◯◯さん、どうしましたか」
保護者「頭が痛いと言って、まだ寝てますわ」
先生「そうですか。昨日は体育でとっても元気よくドッジボールをしていたのですが」
保護者「ええ、夕べは家でも元気にしてくれていたんですが、今日になって急に」
先生「そうですか。それじゃ、今日は欠席ということですね」
保護者「ええ、連絡が遅くなってすみません」
先生「いえいえ。疲れがたまっていたのかもしれませんね。今日は一日ゆっくりさせてあげてください」

と、昼休みに電話をかけてきたこの先生の判定は。

危機管理からすると、学校に来ていない子どもがいて連絡も入っていない。この状況は、欠席なのか遅刻なのか、もしや事故なのか。ましてや、事件に巻き込まれたのなら、一刻を争う一大事と、予測できてしまうのです。

確かに、このことは事実でいかなる言い訳があっても、認められないものですが、裏事情にはこんなことがあるのです。

たいてい連絡を入れずに学校を休ませる保護者は、いつも平気で連絡を入れずに休ませたり、遅刻させたりするのです。信じられないかもしれませんが、中には「うちは、休みの連絡は入れない主義だ」と豪語する保護者も。そんな保護者の家庭にも、安全確認のため電話を入れなければならないのです。しかも、そのような保護者は、学校をいとも簡単に休ませるのです。頻度も高く、その度に一時間目の休み時間を出欠確認の連絡に取られてしまう。

もちろん、毎日のように平気で何の連絡もなしに遅刻してくる子どもたちも少なからずいます。あわてて連絡を入れずとも、二時間目や三時間目からひょっこりと姿を現すかもしれません。だんだん担任は慣れの中で、先ほどの予測の中から、事件や事故という最悪の事態を想定しなくなります。まずは、待ってみよう。そのうち、来るかも知れない。そのような常習性のマンネリが生み出す雰囲気の中で、出欠の確認を取るための電話が遅くなってしまうのです。

【総合判定…×】

それにしても、出欠確認の電話をしないから、先生の危機管理意識が問われるならば、それ以前に欠席連絡をしない保護者の危機管理意識が、先に問われてしかるべきです。子どもたちの安全は、学校だけで守れるものではありません。ましてや、無断欠席しても連絡も取ってこないと、学校側にクレームを付けるのは、言語道断です。

37 風邪で三日も休ませているのに、電話一つかけてこない先生

今年四年生の敬子は、日頃から風邪を引きやすく、そう多くはないものの年に数日は、必ずといってよいほど学校を休みます。今年も夏風邪をこじらせたのか、体調を崩して学校を休んでいて、今日で三日目です。

ところが、担任の松田先生は、一度も見舞いの電話をかけてきてくれません。連絡事項は、連絡帳を通じて近所のお友達に持たせてくれるのですが、それには一言、早くよくなってねというようなことが書かれているだけです。

今までの先生なら、一日休んだだけでも電話で見舞ってくださっていたのに、敬子がかわいそうでなりません。

さて、三日も学校を休んでいるのに、電話の一つもかけてこない先生の判定は。

◀◀

欠席の連絡は、連絡帳でお願いします、と言っている学校は多いのではないでしょうか。に

も関わらず、電話で連絡をしてくる保護者は数多くいます。近所に友達がいないとか、ギリギリまで様子を見ていて結局休ませることにした場合など、やむを得ぬ事情が理解できることもありますが、漫然と電話に頼る姿があることも否定できません。

それでも、連絡を入れてくださるだけましといっては失礼ですが、連絡もなしに休ませる保護者もいる中で黙認している現状があります。そして、学校の規模が大きくなればなるほど、風邪の流行の時期になると、朝から電話が鳴りっぱなしで、その対応に追われることはよくあります。

さて、風邪の時期の夕方になると、職員室の電話はふさがることが多くなります。

「○○ちゃん、お加減いかがですかぁ～。明日の連絡だけ、お伝えしておこうと思いまして～」

「ええ、まだ、ちょっと熱が下がらないんですぅ～」

「そうですかぁ～、それでは明日もお休みなさるということで～」

などという会話が聞こえてきます。保護者の子どもである児童に、敬語を使っているという指摘は前項でふれましたので、ここでは止めておきます。先生方は、本当に保護者に気を遣っています。保護者の方が年上になる若い先生方なら、なおさらです。

愛想笑いと、井戸端会議の延長風のしゃべり口調で、体調確認の会話は進んでいきます。誤解を恐れずに言いますと、男性教諭の多くは、そういう女性教諭が相手を気遣ってする猫なで声風の語尾伸ばし口調ができないと言います。私も、できません。

しかし、確かに、体調確認の電話は、「いかがですか」「そうですか」というより、「いかがですかぁ〜」「そうなんですかぁ〜」と言った方が柔らかく気遣っている雰囲気が醸し出せて温かく、しかも流暢に聞こえます。少なくとも私は、そんなしゃべり方ができなくて、連絡帳にメッセージを書き込んで気持ちを伝える方法をとっていました。

見舞いの電話がないと不満を持つのであれば、容態を伝えるためにそんなときこそ学校に保護者から電話すべきです。そうすれば、きっと先生は容態はどうか、尋ねてくださるでしょう。先生が、一人ひとりのことを大切にすることと、過剰に気を遣うことは別問題であると思っています。見舞いの電話がないという感情を表立たせる前に、先生が受け持っているのはうちの子だけではない、お忙しいのだという謙虚さを優先させるべきと考えます。

【総合判定…○】

38 宿題の答えを付けたまま出題する先生

保護者と担任が話し合いの場を持つ学級懇談会で、宿題をテーマに話し合われました。学級内のことですから、基本的には宿題の量は同じはずですが、保護者からは多いという立場を取る意見や、少ないという立場を取る意見の両方が出されました。

中には、塾での宿題が多いので、学校の宿題は減らしてほしいという本末転倒の要望が出されたりしています。そのうち、話題は家庭学習の時間や、宿題としてよく出される計算ドリルの巻末に付いている解答へと広がっていきました。そのとき、ある保護者から、巻末に解答を付けたままドリルを持たせているのはいかがなものか。どうやらわが子も宿題をせず、答えの丸写しをしてしまっているようなので、解答を取ってもらえないかという意見が出されました。

さて、無神経に巻末に解答を付けたままのドリルを持たせ、宿題に出していると批判を受けたこの先生の判定は。

家庭学習の時間

よく何年生なら何時間と、学年に応じて定率的に語られることがありますが、時間の問題ではありません。学習者が学習内容について理解したことを、再確認できて学習を知識として自らの中に定着させることができるだけの時間、つまり身に付けることができるのに必要な時間ということになります。

そう考えると、時間よりもその内容や方法が重要なことは当然といえます。

家庭学習の方法

宿題であれ、自主勉強であれ、学習と名の付くものであれば、学習者が勉強した後、できるだけ時間をあけず、学習者自身が正誤の点検をする必要があります。できれば、一問ずつ点検することを薦めます。なぜなら、間違えたまま時間が経ってしまうと、どこをどう間違えたのかという修正情報が身に付かないだけではなく、最悪の場合間違えてしまった内容が定着してしまうからです。

学習と答え合わせを天秤にかけると、大切なのは学習そのものよりも、学習の正誤を点検することがより重要であるといってもよいくらいです。

不正の温床？

ところが、そういう意図とは別の次元で、よく耳にする保護者からの意見があります。それは、解答が付いていると、勉強をせずに丸写しをするというもの。だから、解答は付けないでほしい。

はたして、そうでしょうか。

丸写しをして先生や親をごまかすことができても、この世でたった一人宿題をしていないことを見抜いている者が存在する。それは、他でもない自分自身。自分自身を嘘でごまかすことはできません。何でもお見通しの自分自身を、無理矢理黙らせてうそをつきとおす。それは、紛れもなく自己否定です。

勉強の意味

また、違う観点から、勉強は誰のためにするのかという問があります。この問に対する答えは、もちろん自分自身のためです。それが、ある程度強制力を伴った宿題という形で出されるのか、強制力を伴わない自主勉強という形で行われるのか、いずれにしてもこの答えは変わりません。そして、自分のためにした勉強は知識として身に付き、よりよい人格形成の一助となって、やがて社会に還元されていきます。

人は助け合って生きるものですから、遠く自分の将来を見つめて、社会に還元する自分像を意識しながら、勉強できれば素晴らしいことです。しかし、そこまではなかなか難しいですから、近視眼的に自分のためにする勉強であるとするのです。ところが、ここでも自分のためにならない解答の丸写しをする。

これは、もう全く個人と家庭の支えの問題です。

解答を丸写ししてしまうわが子と、その対応に苦慮する保護者の姿が見え隠れしますが、だからといって、大勢の解答を必要とする自分のために勉強する子どもたちからも、解答を取り上げるのは身勝手というものです。

【総合判定…○】

39 毎日、ノート一ページ分の漢字練習＋αを出す宿題が多い先生

宿題として出題可能な分野は、学校で学習する教科内容のすべてと日常生活に関わること（家の手伝いなど）というように非常に多岐に及びます。それらすべてについて検証していくわけにいきませんから、ここでは普通最も出されることが多い、算数や国語の内容から、学校の復習として、計算や漢字などを反復して練習させる宿題を中心に考えてみます。

宿題の多寡についての捉え方は、全く個人の価値観に委ねられます。例えば、漢字の反復練習を、新しく習った漢字五文字×二行でノート一ページ一〇行分と、二〇問分ドリルから四則計算の式をノートに書き写して計算して答えを出す、という内容が毎日の宿題のベースになっており、これに加えて本読みや社会や理科のノート学習などその他の学習内容から一つ出されたとしましょう。つまり、一日に三つの宿題が出ているわけです。

あなたはこれを多いと感じたでしょうか、それとも、少ないと感じたでしょうか。

捉え方は様々でしょうが、ここではこれを多いと感じており、この宿題が毎日出されていると仮定します。

各家庭の門限や季節的な日没時刻などにより、ここでも一律に述べることはできませんが、あえて理想を言うならば、基本的に、宿題を先に済ませてからでも、友達と遊べる時間が残っている量が望ましいと考えます。

同じ量の宿題を出していても、ある保護者からは多いので減らしてほしいと要望され、ある保護者からは少ないので多くしてほしいと要望されることはよくあります。一方の言い分をのめば、もう一方から批判される。これは、なかなか先生にとってもやっかいな問題です。

では、どうすれば相反する主張をする保護者の言い分を、両方とも納得させることができるのでしょう。

何年生ならば何分くらいと、宿題の量を定量的に語ることは不可能に近いことですから、宿題の量そのものを決めなければよいのです。例えば、漢字練習ならば一ページ分の反復練習をさせるのではなく、新しく習った五文字分の漢字を覚えるだけの練習をさせる宿題を出せばよいのです。つまり、宿題は漢字を覚えてくることで、その評価は漢字小テストで確認をすればよいのです。私も常々、漢字の宿題を出したときには、子どもたちにこう言っていました。

「広告の裏にでも、五文字分のテストを自分で作り、帰ったらすぐにでもやってみる。例えば、間違えた字が二つあれば、その二文字だけを別の紙に自作テストとして書いておく。そしてある程度の時間を空けて、またやってみる。やっぱり、そのうち一文字を間違えたら、その一文字だけを自作テストに書き記しておき、夕食の後にでもまたやってみる。めでたく覚えにくかった最後の一文字も覚えられ、時間に余裕があれば、初めに戻って五文字分の自作テストを作り、寝る前にでも念のためにやってみる。それで、書けない字があれば、その字を明くる朝にでもするための自作テストを作っておけば完璧でしょう」

つまり、漢字の宿題は提出の必要はないのです。もちろん、算数や社会、理科についても、学習内容を覚える宿題であれば、同様に提出を求めません。

この先生の場合、出題方法に工夫の余地ありです。

【総合判定…×】

40 宿題の丸付けを子どもにさせる先生

さて今度は、宿題の点検について考えてみます。

わが子のノートを見てみましょう。例に、算数のノートを取り上げてみます。

計算問題を中心に宿題が出されていますが、その点検の○を見てみると先生が見てくださってはいないようです。一応、間違えたところも赤で修正が加えられているようですが、これも子どもの字です。子どもに聞いてみると、この先生は宿題の丸付けを一切ご自身ではなさらないようです。宿題を出すだけ出しておいて、点検をしない先生の判定は。


実は、このケースも38項の『宿題の答えを付けたまま出題する先生』と同じなのです。子どもたちが宿題であれ、自主的な勉強であれ、学習と名の付くものであればすべて、問題を解く過程よりも、正誤の点検や答えの導き方の確認をする過程の方が重要です。

例えば、16÷４×２の答えを、２と答えたとしましょう。

先生に点検をしてもらった方では、バツ印が付いているのを見て、もう一度やり直すことになります。そして、多くの場合、また先生に点検を受けることになるでしょう。二度、三度と間違いを繰り返して、先生に単なる計算間違いではなく、計算の手順の捉え方に間違いがあると先生に気付いてもらい、初めて教えてもらえることになります。しかし、現実には授業時間に、そこまでの余裕はなく、いきおい焦りも手伝って友達の答えを見せてもらって、わかったことにしてしまうということもありがちな話です。

対して、自分で点検する方では、解答の8と自分の誤答である2を見比べて、なぜという疑問から出発することになります。答えは8とわかっているので、先ほどのように友達に解答を見せてもらう必要はないのです。友達に頼るとすれば、なぜ8になるのかを尋ねるという行動になるはずです。友達が、うまく答えられない問題の場合には、もちろん先生に尋ねるとよいでしょう。

さて、先生に点検をしてもらう方法と、自分で点検する方法のどちらが学習効果が高いといえるでしょうか。言うまでもなく、後者です。

つまり、学校の先生は面倒くさいから、宿題の点検を子どもたちにさせているのではなく、子どもたち自身にできたのかできなかったのか確認をさせ、足りなかった考え方や単純な不注意に気付かせようとしているのです。

もちろん、そのためには学習をする過程と、点検をする過程とを比べて、どちらも大切ですが、より大切なのは点検する方であるとの話をして理解させ、この過程を大切に学習する習慣を身に付けさせておく必要があります。

【総合判定…○】

41 感想文の宿題への返事を必ず共感的に書いてくれる先生

今度は、同じ宿題でも答え合わせのない種類の中から、感想文などの作文形式の宿題を取り上げてみます。子どもたちは、感想文や作文を書くのがとても苦手です。なぜ、子どもたちの多くが感想文を書けないのか、苦手なのかについては別の機会に譲るとして、現実の子どもたちに目を向けてみます。

苦手ながらも一生懸命、物語の筋を追いながら、まじめに書いたことがよくわかる感想文を、一例をあげて紹介しましょう。

ここでは、新美南吉の『ごんぎつね』の感想文が課題になっているとします。

「ごんはひとりぼっちの小ぎつねでした。何日か雨が降り続いた翌日、ごんは久しぶりに外へ出てみると、兵十が魚取りをしていましたので、ちょっといたずらがしたくなって、その魚をにがしてしまいます。ところが、兵十のお母さんが病気で死んでしまったことを知って、ごんは自分がいたずらをしたからだと決めつけます。

それから、ごんは思いつくまま、兵十につぐないをしますが、余計に兵十をつらい目にあわせてしまったりします。<中略>

毎日毎日、兵十に栗や松茸を届け続けていたごんですが、ついにある日、兵十に見つかってしまいます。まさかごんが、栗や松茸を届けてくれているとは知らない兵十は、鉄砲でごんを撃ち殺してしまいます。

わたしは、ごんがかわいそうだなあと思いました。」

この感想文に対して、「そう、とてもかわいそうだね。ごんは兵十に自分のいたずらのつぐないをしたくて、そしてそれを自分がしているんだということをわかってもらいたくて仕方がなかったんだろうね。でも、自分の命と引き替えにわかってもらえたごんは、喜んでいるんじゃないかな、○○さんはどう思いますか」と、丁寧な返事を返してくれています。

さて、この感想文に、丁寧な返事を書き込んで返してくださった先生の判定は。

◀ ◀

感想文を書くのが苦手な子どもたちが書くのは、このようなあらすじがほとんどという感想文です。もちろん、これを感想文とは言いませんが、心の内を文章表現することに慣れていいない子どもたちは、物語のあらすじを書き連ねて、最後に一言だけ、気持ちを表す言葉を添えて感想文にしようとします。

感想文の評価は、優れた文学作品から、自分の身に置き換えた等身大の感想を持つことができているか。それが、重要な評価の観点の一つです。つまり揺り動かされた感性を、素直な形で文章表現できているかどうかです。

もちろん、例にあげた感想文は、評価の観点を満たすものではありません。にも関わらず、このように共感的な言葉をたくさん書き連ねて、先生の感想を紹介してくれる先生もいるでしょう。ただ、丸だけを付けて返す先生よりは、よいかもしれませんが、先生は一体、子どもたちに何を伝えたいのでしょうか。

子どもたちが、せっかく書いてきた感想文です。それに、何行かの返事を書かないと、読んでいないように思われたり、面倒くさくて適当にあしらっているように見られることが気がかりで、返事のしようもない感想文に、何とか知恵を振り絞って書くのでしょうか。そうすることが、先生としての務めで、仕事でもあり、良い先生であると誤解しているかのようです。

もちろん、共感できる感想に共感的な言葉を書き込むことに異論はありません。しかし、共感できうる文章に育っていないと評価したら、そこはやはり、言葉や表現が粗暴にならないように一定の配意はすべきではありますが、できうる限り、読んで受け取った印象をその通り伝えることが指導者としての役割ではないでしょうか。この手続きを踏んで、初めて学習者は、感想をどのように文として表現したらよいのかという、奥深い学習の入り口に立つことになります。実は、このようなただ書かせるだけの作文指導が、感想文の書けない子どもを増やす一因になっているのです。

他者からの指摘があって、初めて気付くことは多くあります。指導者が共感的に接することだけにとらわれすぎていては、学習者は真実に接する機会を失ってしまいます。

保護者としては、宿題の丸付けを子どもたちにさせたり、ドリルの巻末に解答を付けたまま宿題を出す先生に意見するよりも、こちらのタイプの先生に意見するべきであると思います。

【総合判定…×】

さて、対して、もしもこのあらすじ的な感想文の「わたしは、ごんがかわいそうだなあと思いました」の箇所に赤線が引かれていて、「これは、あらすじです。感想はここから始まります。何がかわいそうだと思ったのかを書く」とだけ書き込まれているとすれば、最高です。

ずけっと一言で感想を済ませてしまうこのコメント。いくら受け持ちの子どもたちがたくさんいるからといって、もっと丁寧に優しい言葉かけがあってしかるべきと思いがちですが、はたしてそうでしょうか。

先生に、しっかりと返事をもらえるような感想文を書けるように、しっかり学習していきましょう。そのためには、少々手厳しいことを書き込まれたり、つっけんどんな印象を受けても、ある意味それに耐える気概を持つことは大切なことです。

こんな話を授業中になさっていて、これらの一見皮肉とも受け取られるような書き込みがされているのなら、指導にも一貫性があって頼もしい先生ではないでしょうか。

手厳しいことを書き込むことができる先生は、自身の考え方がしっかりしており、その価値観に沿って評価をしているのです。少なくとも、マル印だけを付けて返す先生や、あたりさわりのない共感的な言葉で上辺だけの優しさを強調している先生よりは、できていないものはできていないと評価を返してくれているわけなのですから。

文章を書く作業は思いつきには進められません。起承転結に沿った全体的な見通しを持って、書き進める必要があります。なにより、結論に当たる部分は、何を訴えたいかということがはっきり意識されていなければなりません。

結論に当たる部分がしっかりと意識されなければ、作文は書けない。これは言うまでもないことなのですが、反対から言えば、結論に当たる部分を意識することさえできれば、作文は書ける。この部分をしっかり意識するためには、幅広い経験や知識が必要となることは当然です。しかも、その中から課題の題意と照応させ、新たな考えや提案を加えて文章として構築し、主旨をはっきりさせて論述しなければなりません。

これが子どもたちにとって、なかなかの難題であります。当然です。すらすらと書けるわけがないのです。

なぜなら、感想文を書くということは、自分は何を感じ、どう考えたのかという、つまるところ自分を見つめ直す学習そのもの、もっと言えば自己を確立する手だてとなる学習だからです。そう簡単に、自己を確立する崇高な学習が完結するわけがありません。

だからといって諦める必要もありませんし、必要以上に気負うこともありません。なぜなら、等身大の感想でよいのです。自分の思い浮かべることのできる範囲で、感じたことや考えたことを、現実の世の中に生きる自分の姿と重ね合わせながら、正直に綴ればよいのです。

そのためには、あらすじにあたる本文の引用は必要最小限に抑えるといった初歩的な技術を教えてやらねばなりません。あらすじばかりを書き連ねて、感想文を書いたと勘違いしている子に、それでは書けていないのだよということを端的に知らせねばならないのです。しかも、たいていは四十人学級です。駄文とまでは言わずとも、長文を返事に書き込んでいたのでは、いくら時間があっても足りないのも事実です。だから、手短な言葉で返事は済ませるのがよいと言っているのではありません。子どもに対する不必要な気遣いを削ぎ落とせば、返事の言葉も自ずと、飾り気を削ぎ落とした端的な表現になるものだと言っているのです。

もしも、一人でも多くの子どもたちが、端的な言葉の中に隠されている真実を読み取り、本当の意味での感想文を書いてくるようになったら、それこそ四十人学級で一人ひとりに返事を書く時間に追われるという、うれしい悲鳴をあげねばならないでしょう。

42 身体的な特徴を誉めてくれる先生

ある日、仕事から帰宅すると小学六年生の娘が上機嫌です。話を聞いてみると、授業で将来の職業について話し合う中で、担任の先生からみんなの前で「恵子さんは、背が高くてほっそりスマートだから、モデルにでもなれそうね」と言われたそうです。

日頃から、身長のことはあまり気にとめていなかった恵子ですが、先生のその言葉を聞いて、鏡の前で半回転してみたり、インターネットでモデルについて調べたりしています。

さて、将来モデルにと誉めた先生の判定は。

▼　▼

例題の恵子さんは、先生に誉めてもらって喜んでいるし、なによりみんなの前でモデルになれそうと言われたのですから有頂天です。先生のこんな一言で、子どもたちの将来の方向性が決まってしまうことだって、充分に考えられます。もちろん、この先生の指導は何の問題もありません。と、言いたいところですが考えてみましょう。

まず、身体的な特徴について、おおよそ誉められている気がしないであろうと思われる事柄をいくつか例示してみます。

例えば、背が低い、太っている、鼻が低い、目が小さい、肌の色が黒い等々。

しかし、これは全くの独断で私見の極みですから、読者の方にはもちろんそう感じない向きもあるでしょう。例えば肌の色が黒いなんて健康的でうらやましいくらいで、ちっともコンプレックスに感じる必要はないはず。あるいは、目が小さいのはかわいくていいけれど、大きい方がどちらかと言えば、言ってはいけないけれど「ドングリ目」なんて揶揄《やゆ》されるのではないかという具合にです。

実は、この例題は、ここに見落としがちな落とし穴があるのです。

その穴の中に落ちている真実は、「人の感じ方は、千差万別」ということに尽きます。

私が以前受け持った四年生に、ほっそりスマートでとても背が高く四年生であるのに六年生よりも背が高いような女の子がいました。その子は、自分の背の高さにコンプレックスを持っている様子でした。もし、その子がこの恵子であったら、話は次のように変化したはずです。

ある日、仕事から帰宅すると小学六年生の娘の元気がありません。話を聞いてみると、授業で将来の職業について話し合う中で、担任の先生から「恵子さんは、背が高くてほっそりスマートだから、モデルにでもなれそうね」と言われたそうです。

日頃から、背の高さにコンプレックスを持っていて、朝礼で並ぶときも少し膝を曲げるようにして立ったり、背を少しでも低く見せようと猫背気味に背中を曲げた姿勢が日常の姿になっている恵子にとっては、先生のその心ない言葉に、穴があれば入りたい気持ちだったそうです。

我々指導者には、良いと思われることは、どんどん誉め勧めることを善しとする風潮があります。それは、決して間違った指導ではありません。しかし、それが通用するのは、絵の素質が感じられたり字が上手というように、特定の技能に秀でているといった素質も大きな部分を占めますが、それだけではなく努力によって補完される類について言えることです。例題のように身体的な事柄については、たとえ自分の物差しや世間一般の物差し（常識）に照らし合わせて、肯定的に捉えられると思いがちな事柄でも、取り上げるべきではないと考えます。

まとめて言えば、「身体のことはたとえ良いと思われることであっても言わない」方がよいのです。

【総合判定…×】

43 子どもが帰ってこないという連絡をしているのに、三十分もしてから帰ってきましたかと電話をしてくる先生

状況として、三十分程度の居残り勉強をしていた六年生の裕太さん。学校までは、子どもの足で十五分程度の道のりです。普段なら帰っている時刻ですが、帰宅が遅れていることを心配した保護者の方からの電話です。

保護者「うちの子、まだ帰ってきてないんですけど」

先生「そうですか、ちょっとわからなかったところを勉強していました。十分ほど前に学校を出ましたので、もう帰る頃かと思いますが」

保護者「そうですか、わかりましたが、先生、残すときは電話で連絡をくださいますか」

先生「裕太さん、昨日何も言っていませんでしたか。おうちの人には残ることを伝えるように言っておいたのですが」

帰りの遅いわが子を心配していたのに、「連絡をしておくように伝えてあった、責任はお宅のお子さんにあります」と言わんばかりの対応に親としては不満気味です。幸い、裕太はその

電話を切ってすぐ帰ってきたのですが、それから三十分もしてから、先生から電話がかかってきました。

先生　「裕太さんは、もう帰られましたか」
保護者「ええ、あれからすぐに帰ってきました」
先生　「そうですか、それはよかったです」

先生、今までのんびりと探すわけでもなく、何をしていらっしゃったのですか。帰ってきていたからよかったものの、もしも帰っていなかったら……と、喉まで出かかった不満を、やっとのことで抑えてあいさつもそこそこに電話を切ったお母さんです。

さて、帰宅せずの連絡から三十分も経って、確認の電話をかけてくる先生の判定は。

◀◀

保護者の方のおっしゃるとおり、この先生三十分間も何をしておられたのでしょう。子どもが帰宅していないのですから、電話を切って相当の時間が経てば、心当たりを探してみたり、立ち寄りそうな友達の家に電話確認をするなど、すべきことはいくらでもあるはずです。

実は、この先生、探したり電話確認などは、何もしていなかったのです。

では、いったい何をしていたのでしょう。
心配しながら待っていたのです、職員室で。
「帰ってきました」という保護者の方からの電話を。

たとえ裕太さんが昨日、お母さんにきちんと残る旨を連絡していても、心配の電話はかかっていたかもしれません。それは親心故のことですし、待つ身の不安は誰しも経験するところでよくわかります。実を言うと、この類の電話は非常に多いのです。いや、多くなっていると言うべきかもしれません。残念ですが子どもの周辺まで世の中が物騒になってしまって、以前のように居残り勉強をさせることも、自在にはできなくなってしまいました。担任も、残すなら残すで、連絡をしなければならないような時代です。しかし、担任が残すのは、一人や二人ではないのです。いちいち電話連絡をしていたら、それこそ子どもたちの帰宅時刻が余計に遅くなってしまいます。わが子の帰りが遅いと心配になるならば、普段からわが子ときっちり話をしておくこと。少なくとも、連絡事項は保護者に伝えるように、家庭でしつけておくこと。言い過ぎでしょうか。私は、当たり前のことだと思います。

でも、だからといって、それくらいの心配で電話をかけないでほしいと言っているのではありません。いたずらに時間を過ごして、それこそ取り返しのつかないことになるやもしれません。大いに、かけてくださって結構、かけるべきだと思います。

ただ、帰ってきたなら「帰ってきた」と連絡をしてほしいと言っているのです。

そうすれば、この先生も心配する時間は少なくてすみましたし、三十分も時間を使わずに、探したり、心当たりに連絡を取ったりと、何らかの対応はできたのです。今回の事例でも、二回目の電話でまだ帰っていないということになれば、そこから急いで何らかの対応をすることになります。もう、帰っている頃だろうと時間的な余裕を見て、二回目の電話をかけているのですから、初期対応はそれだけ遅れてしまうことになります。

残念なことに、「帰っていない」という電話は頻繁にかかってきますが、その後「帰ってきました」という電話は滅多にかかってきません。この現実の中で、もしも先生が、一回目の電話の状況を継続的に信じて、友達の家や立ち寄りそうな所に電話でもしていたら、実際は帰っているのに、対応し続けることになります。もちろん、その場合でも三十分後の二回目の電話で帰宅を確認することになるのでしょうが、その間に電話確認をした先々にその数だけ、ご心配をおかけした旨の電話連絡をすることになりますし、その先々の方が同様に何らかの対応をしてくださっていれば、その方もやはりその数だけお礼やらお詫びの連絡を入れなければならないのです。

念のために繰り返しますが、それでも「帰っていない」という連絡はしてもよいのです。ただし、帰ってきたら「帰ってきた」という連絡も忘れないでほしいということなのです。
先生の責任を問う以前に、保護者としての常識を問わねばなりません。

【総合判定…○】

44 家庭訪問の日時の変更を渋る先生

家庭訪問のお知らせプリントによると、月曜日の三時からという何とも中途半端な設定になっています。月曜ということはわかっていたので休みは取っていたのですが、急に予定が入ったのです。それで、もう少し早くしてほしいと連絡帳に書いたのですが、調整が難しいのでそのままお願いできないか。もしくは、遅くならできるという返事が帰ってきました。

その用事で帰りが六時を過ぎそうなので、それ以降にしてほしい旨を伝えると、無理だから日を改めましょうとのこと。せっかく休みまで取っていたのに、急用が入ってしまったこちらにも非があるとはいえ、もう少し融通をきかせてくれてもいいのにと思うのです。

さて、融通のきかないといわれているこの先生の判定は。

たまたま空いていて変更してもらった経験は、次年度へ引き継がれ、いつでも変更してもらえるとの錯覚を起こすのではないでしょうか。たいてい、先生は無理をして予定を変更してくださっているのですが、そう思いたくなるほどこの類の変更依頼は多いのです。

いちばん困るのは直前になって、日時の変更を申し出られること。家庭訪問は、一日に複数軒を回るため、順路に従って回れるよう、順番を組んであるのです。そして、できるだけ自動車や単車ではなく、自転車か、できるなら徒歩で回ることが望ましいのです。自動車や単車で回ると、効率はよいのですが家を探しながらの運転は不注意になりがちですし、先生の姿を見つけた子どもたちが、不意に呼びかけることがあり非常に危険なのです。私も実際、危ない目に遭ったことが何度かあります。それで、せめて自転車ということになるわけです。校区の広さにもよりますが、自転車よりも徒歩で回ると、子どもたちの通学経路や住環境などが細かくわかり、特に地域の実情に不案内な赴任初年度などには、以後の指導に非常に参考になります。ところが、その訪問の順番を変えられてしまうと、極端な話が校区の端から端への移動をしなければならないような事態も起こり、とても徒歩では回れなくなります。やむを得ず、自動車や単車という素早く移動できる手段を使うことになります。

申し上げにくいのですが、最近は少々身勝手な保護者の方も増え、日時を指定してくる方が少なからずいます。この事例では、変更してほしい時間帯に幅を持たせていますが、まるで自分の家だけが家庭訪問を受けるつもりであるかのように、平然と変更をしかも日時を指定してくる場合があります。予定が空いていれば変えてもよいと一概には言えません。保護者側が学校へ出向く懇談会ならばまだしも、順路を設定する家庭訪問で日時指定の変更依頼をされると、校区を右往左往することになってしまいます。

さて、結局折り合いがつかず、午後六時を過ぎての訪問も不可能ということなのですが、教員にも家庭があり、勤務時間があります。中には、夜遅くしか戻らないので、夜に家庭訪問をしてほしいと要望する家もありますが、難しい時代になったものです。

融通がきかないのは、順路が必要な家庭訪問の性質上のことで、保護者はそのあたりを充分に理解する必要があります。

【総合判定…○】

45

家庭訪問で、子どもの話ができない先生

実話です。その年は、四月下旬に家庭訪問の日程が組まれていました。二十代の若い男性教諭が、ある女子児童の家を訪問したところ、ご両親がそろって出迎え、居間に通されたそうです。そして、子どもの体調のことや精神的なこと、その他配慮しておくべきことなどを、一通り尋ねて話し合った後に、初対面とは思えぬ言葉遣いで、こう言われたそうです。

「先生、うちの子の良いところを三つ言ってみてくれ」

特に目立つ子でもなかったため、印象に残っていることがほとんどなく、その先生は答えるのに窮してしまったとのこと。その後、平身低頭、這《ほ》う這《ほ》うの体《てい》でその家を後にしたそうです。

さて、子どもの良いところを言えないこの先生の判定は。

◀◀

家庭訪問の目的は、住所所在の確認はもちろん、担任として受け持ちの児童の家庭環境を確認することです。例えば、個別の部屋が与えられていて、占有できる机を持っているのか、そ

うではなく兄弟姉妹で共有しているのか、台所でちゃぶ台を勉強机代わりにしているのかといった家庭学習の条件を確認することは、かなり重要な観点です。

また、ちょっと言いにくいことではありますが、家を見て経済的な境遇や、玄関先や室内を垣間見て生活習慣を身に付けさせるうえでの素地が整っているか、母親や父親と初対面で話をして、しつけの度合いを推し量ったりもします。そのため、生育歴や四月当初という時期からして、短期間に表出された気質からは読み取れない性格など、担任として一年間、学習態度や生活態度など学校生活を送るうえで、受け持ちの子どもたちをよりよい成長へと、効果的に導くために、保護者の方から情報として、いろいろな話をお聞きすることが主な目的となります。

さてこの先生ですが、四月下旬といっても、実質子どもたちと顔を合わせたのは十日もないくらいです。個人的には、一年間受け持っても理解することは不可能だと思っていますが、こんな短期間で一人の人間の気質を見抜けるわけがありません。たとえ、気質として理解したつもりでも、おそらくそれは表面的な現象で演技されたものかもしれません。俗に言うよい子ぶるというものです。子どもたちは、新しい担任の前では無意識のうちによい子ぶります。新しい出会いの中で、自分のことをよく見られたい、ましてや何をしたら先生に叱られるのか、子どもたちにとってもつかみきれていない中で羽目を外すわけにもいきません。いわゆる猫をかぶった状態です。

すべての子どもがそうだと言っているのではありません。確かに、初めから素直に自分を飾らず、等身大で振る舞う子もいます。しかし、そんな誠実さを感じる子であっても、軽々しく気質として語るわけにはいきません。善し悪しに関わらず、たとえ受け持ちの子どもと言えども人一人、それほど簡単に評価を下せるわけがないのです。

ただ、一つ言えることは、日頃の様子を事実としてお伝えすることはできます。保護者との初対面の場で、そんなエピソードを一つでも話すことができれば、保護者との関係は円滑なスタートを切ることは間違いありません。そうできることにこしたことはないのですが、家庭訪問の時期に受け持つすべての子について、そうできないことも事実です。

一年間受け持っても、難しいかもしれない気質の評価を、たかだか一月もしないうちに求められること自体、無理難題と言うべきで、答えられなくても当然です。


【総合判定…○】

46 家庭訪問で、子どものできていないところをズケズケ言う先生

隆の家庭訪問で、初めのうち担任の先生は、学習をがんばっていることや掃除もまじめにやっていることなどを紹介してくださっていたのですが、そのうち、こんなことを話し始めたのです。

「ちょうど先週のことです。隆さんを含む四人が、二日連続で国語の宿題を忘れてきていたのですが、三人まで思い出して名前を呼んだところで、どうしても隆さんが忘れてきていたことを思い出せなかったのです。それで、もう一人は隆さんだったかな、と自信なさげに確かめようとしたのですが、それに気を悪くしたのでしょうか。『俺のこと、忘れてんのかよ』と言葉汚く言うものですから、『先生もいろんなことを覚えていないといけないからね。そういう言い方は慎んだ方がいいよ』とたしなめたのです。すると、とてもいやそうな顔をしてフンとばかりにそっぽを向いてしまうのです。そして、宿題をしてきているのかといえば、言うだけ言っておいて忘れているんですよ」

ちょっと隆さんは、権利意識が強すぎるというか、自分の都合の悪いことを言われると担任

にも悪態をついてしまうようなところがある。これは一例だが、自分のことを棚に上げて、友達のことを批判してしまうことがよくあるというのです。

さて、子どものできていないところをズケズケという先生の判定は。

◀◀

教育熱心で一生懸命育てていようがいまいが、いずれにせよ自分の分身のようなわが子の欠点をあげつらうようにズケズケと言われたのでは、気分がよいはずはありません。私も、どうしても親御さんに伝えておきたくて、子どもの改めた方がよいと思われるところ、できれば改善した方がよいと思われる気質などについて、事実に基づいてお知らせしたことは幾度かありますが、これが実に難しい。さすがに家庭訪問では、子どもを見立てようにも情報が少なすぎるので、言葉を呑み込むことが多いのですが、個人懇談会などで、できるだけやんわりと伝えているつもりでも、親御さんからの反論を受ける結果となることも多くありました。体験談ではありませんが、へたをすれば、わが子のことを誤解しているとんでもない教師だとか、見方に温かさが感じられない冷たい教師といったクレームが管理職に直訴されることも、そんなに珍しいことではありません。

もちろん、伝え方は大切ですし、いきなり「お宅の息子さんは駄目ですよ」などと言いだすわけではありません。この例題でも、初めは良いところは認めつつ、やはり改善すべき点について話を進めています。それでも、しっぺ返しを食らうのです。保護者にとって、子は自身の写し鏡。子の至らぬ言動、つまり気質の一面は、保護者自身のかつての気質を思い起こさせるのです。ただ、大人になりその本質的な性格の一部分を、現在は理性で押さえているだけで、その苦い思い出や古傷に触れられる思いがわが子に重なったりしてしまうのでしょう。指導者は、気質について話をしているのに、親は、性格として捉えて解釈してしまうことは多いものです。

だから今、学校現場では、懇談会はもちろん、通知票や指導要録に至るまで、良いところを話したり記録したりしなさいと指導されている始末です。

実際、多大な労力を使ってしっぺ返しを受けてまで、わざわざ保護者との関係を悪くするだけの指摘をズケズケと言うことに積極的にはなれません。それならば、適当に特筆すべきではない子どもの行為を、ちょっと大げさに誉めておいて、十数分の家庭訪問や懇談会の席を気持ちよく過ごしていただく方が、先生も精神衛生上、得策です。

本来、学校は、もちろん勉強する以外にも、子どもたちが学校という模擬的な社会生活を送る中で、対人関係での軋轢《あつれき》に悩んだり、他者の様々な物の見方や価値観と出合い、感性を豊かにする場です。その中で見せる子どもたちの姿は、善しにつけ悪しきにつけ、家庭では決して見せない、まるで別人のような振る舞いであることもあります。私たち指導者は、そんな子どもたちの姿を、親御さんと共によりよい成長へと導くため、事実として保護者の方に伝え、改善策について話し合ったりもするのです。

保護者としてわが子を身内の目を通した甘い評価のみで、できていないところを修正しながら、成長へと導くことができますか。通知票や指導要録は別としても、面と向かって話すチャンスの家庭訪問や懇談会で本当に感じていることを話してもらえず、オブラートで包み隠したような眉唾物の美辞麗句ばかりを聞いて、保護者として満足しているのでしょうか。わが子をよい子だと信じたいのは、よくわかります。しかし、完璧な人間などどこにもいません。わが子も、もちろん完璧ではありません。家庭訪問や懇談会での相談者として、保護者が気付いていないわが子の性格や気質、それが家庭といった社会を構築する最小単位ではなく、学級、学校という一レベル上の集団で、わが子は性格をどのように気質として表出させるのか。それを知る機会を自ら放棄しているのです。

子どもの立場からして、ここができていない、それが駄目だと言われて叱られてばかりいては、やる気も何もかもなくしてしまうことは、自らの経験からして納得できます。

だからといって、誉めておだてておだてとはなりませんが、子どもは基本的に誉めて育てます。もちろん、指摘すべきところは、ビシッと言います。しかしながら、子どもに伝えても、発達段階からして、今は受け入れることができないであろうと、指導者が判断した短所や改善点への指摘を、保護者の方に伝えるのです。

親は保護者として、もっと下手《したて》に出て上手《うま》く真実の話を聞き出すべきで、多大な労力を使ってまで、わが子の気質の歪みを指摘してくれる先生を、本当の意味で大切にすべきだと思います。

【総合判定…〇】

47 家庭訪問で、前担任への不満を共感的に聞いてくれる先生

今年六年生になる理恵の担任の先生は、内海先生という経験豊かな男の先生で、学校現場の内情に精通しているのか、通常保護者の立場では知り得ないことでも、気さくに話してくださいます。実は、理恵のクラスでは昨年五年時に、クラスの雰囲気がもうひとつ良くなく、乱暴な子どもたちが幅をきかせていました。先生も注意はなさっていたのですが、効き目がないというか、理恵も何度かいじめられたので、抗議の電話をしたこともあったくらいなのです。

ついつい話し込んでしまった私の話を、内海先生は「そうですね、そうですね」と何度も頷きながら、親身に聞いてくださるのです。内海先生がおっしゃるには、やはり前担任は指導力が不足している先生だそうで、お気に入りの女の子ばかりかわいがっていること、気に入らなければ子どもの気持ちも考えずに怒鳴り散らすこと、職員室ではいつも保護者の文句を言っていること、挙げ句の果てには勤務時間が終わればそそくさと帰ってしまうことなどを教えてくださいました。

最後に、私が担任になったからには、前担任のような心構えで子どもに接しないし、とにか

く力量が違うのでもう大丈夫です、と心強い言葉をかけてくださいました。保護者として、ありがたい気持ちでいっぱいです。

さて、家庭訪問で前担任への不満を共感的に聞いてくれる先生の判定は。

◀◀

先生と子どもや保護者との間に信頼関係がないと、教育活動は成り立ちません。たとえ指導力に疑問を感じる先生であっても、その先生の悪口を子どもの前でだけは言うべきではありません。先生と子どもの信頼関係を損ねてしまうと、指導力があっても難しい状況に追い込まれますから、指導力に疑問を感じる先生であればなおさらのことです。少なくとも、そうした行為が、子どもを取り巻く環境の改善に役立つとは思えません。

では、内海先生はどうでしょう。

先ほどの例と同じようにたとえ指導力に疑問を感じる同僚の先生であっても、その先生の悪口を保護者の前でだけは言うべきではないと、述べなければなりません。理由は、先ほどと全く同じです。

前担任には指導力がないが、自分にはある。だから、私に任せておけば安心ですよ、という論理では、ご自分の技術や指導力のレベルはそのままに、周囲の同僚教員の指導力を疑問視することで、相対的に優位に立とうとするものです。内海先生の指導力こそ、疑ってかかるべきものです。そのうえ、お気に入りの女の子ばかりかわいがっていること云々という情報が果たして正確なものかどうか、疑わしい限りです。いくら何でも、ありもしない話を流布《るふ》する先生がいるはずがない、と思われるでしょうか。もし、そんな先生がいて、その話を信じてしまう保護者の方がいるならば、非常に指導しづらい学校になっていることだけは事実です。

また、そこまで積極的に同僚教員を誹謗中傷しなくとも、保護者との会話で最も気を付けなければならない受け答えがあります。例題で、内海先生が「そうですね、そうですね」と何度も頷きながらという件《くだり》がありましたが、この「そうですね」というのは同意を表す表現です。内海先生のように積極的に同僚を中傷する気持ちはなくても、ただ保護者のする前担任への批判に対して「そうですね」と言うことが、そういう事実を認めたことになってしまった事例を知っています。そういう場合は、「そうですね」ではなく、「そうですか」と受け流していればよいのです。「そうですか」は、決して同意を示す表現ではありません。

【総合判定…×】

48

ニックネームで呼ばれる先生

今年六年生のさやかの担任は、新任で今年赴任された吉田先生という男の先生です。元気はつらつで、人当たりがよく、さやかもとても親しくさせてもらっているようです。

そのさやかが、家庭科の提出物を間違えて担任の先生の机に出してしまったそうです。担任の先生が、きっと家庭科の先生に届けてくれているとなだめても、とても気にしているようなので、電話をかけてお願いするように言ったのです。

「○○小学校ですか。沢口さやかと言いますが、吉田先生はいらっしゃいますか」

「はい、吉田です。さやかちゃん」

「あっ、ヨッシー。よかったぁ」

「どうしたの、こんな時刻に」

「ヨッシー、家庭科の宿題、ヨッシーの机に置いちゃった。悪いけど家庭科の先生の机の上に置いといて」

「はい、わかっていますよ。もう置いておきました。さやかもそそっかしいなぁ」

「ありがとう、ヨッシー」

じゃぁ、また明日と電話を切ったさやかですが、保護者としては、よくしてもらっているようで、大変喜んではいるのですが、同時に、なれなれしいというか、あまりに親しげな話しぶりに戸惑いも感じているのです。

さて、「ヨッシー」と、ニックネームで呼ばれている先生の判定は。

▲

▲

先生から、子どもたちをニックネームで呼ぶことは、まずないといってよいでしょう。もし、そんなことがあれば、そしてそれが、一部の親しい子に対してだけならば、指導者としては失格です。当然ながら、子どもたちは先生を選べません。自分も先生から、ニックネームで呼んでほしいと願っていても、そしてそれがかなえられないからといって、抗議することもできなければ、クラスを変わることもできません。ましてや、自分のこともニックネームで呼んでなどと言える子ばかりであるわけがありません。

では反対に、この例のように子どもたちから先生をニックネームで呼ぶというのはどうでしょう。21項の『アンパンマンと呼んでくださいと自己紹介する先生』とは違い、この先生としては呼ばれるだけですから、親しみを込めて呼びたい子は呼べばよいのですし、呼びたくなければ呼ばなくてもよいのです。呼ばれる側の先生としてみれば、子どもたちの自由意志に任せられるのですから、親しみを込めて呼ぶ愛称的なものであればよいような気がしてしまいます。実際、決して悪意は感じない呼ばれ方を認め、笑顔で返事をしている姿、もしくは喜んでいるかのような対応を、本当にたくさん見てきました。それは、この例のように若い先生に限ったことではなく、老若男女を問わず見られる姿です。その先生が個人経営の塾を開いていて、個人の責任の中でわきまえさせるところはわきまえさせ、言うことを聞かせなければならないところを聞かせることができるのならば、勝手にすればよいかもしれません。

しかし、現実的に、学校の先生は馴れ合いの会話ばかりを、子どもたちと交わすわけにはいきません。掃除をしない姿を見て指導もしなければならないし、友達とのトラブル、ケンカを仲裁しながら、それぞれの身勝手なところを指摘しなければならないこともあります。

これは一例ですが、そんな様々な学校生活の中で起こる指導を必要とする事柄に対して、馴れ合いの相手には、甘くならないでしょうか。厳しく叱ったら、明日からは「ヨッシー」と呼ばなくなるかもしれません。別に、先生から呼んでくれと言ったわけではないのですから、そんなことはほっとけばよいことかもしれません。しかし、厳しく叱られ、馴れ合いの関係を壊された子どもは、先生のことを「ヨッシー」改め、「吉田先生」に呼び変えるでしょうか。私が見てきた範囲では、そうはならず、悪態をつくような態度で、先生を先生とも呼ばず、陰では悪口を言いながら、あたかも友達とケンカ別れをするかのような感覚で、先生との距離を開けていく姿が平均的なものでした。

これは、明らかに馴れ合いの関係から一転、指導しにくい状態へ陥っていることになります。しかも、それが先生の仕事として、務めとして、子どもたちの至らぬ未熟なところを、正しく導くために適切な指導を行うことによって、引き起こされるのですから、先生としては本能的に、馴れ合いの関係を悪くしたくないという感情がはたらくことも頷けます。

このように、まるで友達づきあいをしているような馴れ合いの関係下では、馴れ合いを続けるためには指導が甘くならざるを得ず、その許容の限界を超えて叱ったり注意したりすると、一気に指導しにくい状態まで転げ落ちてしまう可能性があるのです。

しかも、それだけではありません。たとえ、担任の先生が馴れ合いの関係を上手く保ったとしても、先生と児童という一線を、はっきり目に見える形で消し去った担任の下で、甘い指導を受けている子どもたちは、自分たちにとってみれば厳しくとも、指導者としては当たり前の指導をしている担任以外の先生の指導に、どう対応するでしょうか。私が見てきた範囲では、本能的に煙たがり、適切な指導に対して文句を言ったり、言わずとも不満げな表情で斜めを向いたりしていました。そんなときに必ず出てくる決まり文句は、担任の〇〇先生は良いと言ったという反論です。馴れ合いの関係を保つために、甘い指導をしているツケが回ってきているのです。馴れ合いの関係は、このように子どもたちに利用されていきます。そして、陰で当たり前の指導をなさる先生の名前を呼び捨てにし、仲間内の会話で鬱憤を晴らすのです。全部の場合がそうなるとまでは言いませんが、少なくとも形を変え色を変え、これによく似た指導しにくい状態を作り出してしまう温床となることは間違いありません。

「ヨッシー」と、廊下や運動場で大きな声で呼ばれて、うれしそうに手を振る先生の感覚は、子どもたちみんなに好かれたいという、誰しも持つ願望に正直な姿としては、よく理解できます。しかし、子どもたちの中のどんなタイプの子が、そんな呼び方をしているか、指導者であるならば、一度、観察してみるべきです。友達も多くいて、教室内で奔放に振る舞い、ある意味放っておいても心配ないような子どもたちが、活発に先生をニックネームで呼びつけているはずです。その陰で、友達も少なく、どちらかといえば仲間から外されていく子にとっては、ますます先生の存在は遠いものに見えていくでしょう。決して、ニックネームで呼ばれることを肯定するわけではありませんが、指導者はそんな孤立しやすい子にこそ、先生と二人だけで話をするときは、ニックネームで呼んでいいよと声をかけ、意思の疎通を図っておく必要があるのですが。

【総合判定…×】

49

毎年、同じ学年の担任を受け持つ先生

二年生になった志保の担任の先生は、○○先生といってベテランの部類に入る女の先生です。年子の兄の和志も去年二年生でお世話になった先生なので、気心がしれているし、よかったと喜んでいたのですが、ちょっと気になるうわさ話を聞いてしまったのです。

それは、○○先生は毎年のように二年生を持っていて、高学年は持ったことがなく、中学年を持ってもクラスがぐちゃぐちゃになるというものです。我が家の場合、和志は男の子でしたし、特に気になることはなかったのですが、去年、同級で女の子のお母さんと話をすると、ケンカやもめ事が結構あったとのこと。そういえば、志保も一度だけ男の子にいじめられたと言って泣いて帰って来たことがありました。そのときは、それほど気にもしていなかったのですが、やはり女の子ですし、とても心配になってきました。

さて、毎年のように低学年を受け持つ先生の判定は。

小学校の学年担任は、たいてい校長が決めます。事前に、各教員から希望を取りまとめ、できるだけそれらの希望に添うように調整を図るのが建前です。しかし、難しい問題を抱える学年を希望する教員は少なく、希望外の教員との協議あるいは命じて担当の学年を決めます。

一般的に、高学年の受け持ち希望が少なく、次いで低学年が少なく、いちばん多くなるのが中学年という傾向があります。精神年齢が高く、高圧的な指導だけでは、子どもたちにその指導の質を見抜かれてしまう高学年を受け持つとなると希望が少なくなるのは頷けます。低学年、特に一年生は、学校生活に慣れていないため、何でもかんでも一から教えねばならず大変という向きもあってのことと思いますが、筆者の経験では言うほどのことはありません。その結果、勢い中学年の希望が多くなります。ただし、一般的な傾向としてであり、中学年に指導の難しい要因が際立つ場合はこの限りでないことは、言うまでもありません。また、指導困難な学年を、熱意を持って希望される先生も少なからず存在することも確かです。

担当の学年が決められる経緯には、二つの場合が考えられます。

一つは、教員が希望して複数年、同一の低・中学年を担任する場合。

もう一つは、教員本人は高学年を希望するが、校長の判断で低・中学年を持たされる場合。

念のため申しておきますが、低・中学年を持つ先生が指導力に欠けると言っているのではありません。ただ毎年毎年、同じ低・中学年を受け持つ先生の中には、高学年を適切に指導するには、指導力にかける先生もいることは事実であると言っているのです。われわれ、教職員のうちでは、低学年しか受け持てない先生や中学年しか受け持てない先生という言い方をしています。

ではなぜ、高学年ばかり受け持つ先生のことを、高学年しか受け持てない先生とは言わないのでしょう。言ってもよいとは思うのですが、高学年はやはり指導が難しいのです。低・中学年では、叱りつけてすむようなことでも、高学年ではそのような指導のみでは子どもたちの反発を招くだけです。叱るべきところは叱る毅然とした態度は必要ですが、そこには、やはりそれだけではない理詰めの指導、子どもたちを納得させるだけの指導が必要になります。高学年を不満が噴出することなく指導できれば、低・中学年は間違いなく指導できるのです。

さて、前置きが長くなりましたが、特に自分では希望していない低・中学年ばかり受け持たされる先生がより問題があるといえます。

ご自分で、高学年の指導は無理だから、受け持たないという先生もいます。そんな先生も困ったものですが、少なくとも自分でそのことを理解している分、救われます。

そして、それより問題となるのが、ご自身は高学年を希望するにも関わらず、校長判断で高学年を受け持たされない先生です。なぜなら、ご自身の指導力、力量といったものを正しく評価する能力に欠けるからです。もちろん、この場合、自分の指導法に迷いを持つわけがありませんから、自分の指導の物差しに当てはめて、子どもたちを指導します。しかし、指導の弱点や矛盾点をすぐさま見抜いてしまう高学年では、通用しない指導法です。低・中学年ですから、表だって不満が噴出しにくいものの、当然、あちらこちらで指導のほころびが出てくるのは簡単に想像できます。

中には、熱心に同一学年を複数年受け持って、研究の成果をまとめようとする先生もいます。また、前年度に荒れた学年を、毎年のように立て直すために受け持つ先生もいます。子どもたちの行き過ぎた活動的な一面を指摘する言葉として、昔から中学年のことをギャングエージと言ったり、立ち歩きがひどかったり、先生が「みなさん」と呼びかけても、誰も振り向かなくなった一年生のことを小一プロブレムと言ったりします。そんな子どもたちに手を焼き、前担任が荒れさせてしまった学年を毎年、まるで火消しのように受け持つ先生もいらっしゃるのです。毎年同学年しか持たされない指導力に欠けた先生が存在する限り、毎年、その翌年に立て直しとして、その一学年上の学年ばかりを受け持つ先生もいるのです。考えてみれば、当然のことです。

低学年ばかり受け持つなどの現象面だけを捉えて、先生を評価することは難しいことで、どのような経緯で同じ学年ばかり持つことになっているのかがポイントです。

ただし、この事例では中学年を持って、ぐちゃぐちゃになるのですから、低学年ばかり受け持っている○○先生に限って言えば、という意味で判定します。

【総合判定…×】

50 校則違反の「茶髪・金髪」を黙認する先生

五年生になる裕太が、髪の毛を染めたがるので、父親の毛染め剤の残りで染めてやりました。後から聞くと、学校の決まりで禁止されているそうですが、担任の先生を始め、他の先生たちにも特に注意はされなかったとのこと。

さて、決まりで禁止されている茶髪や金髪を黙認する先生の判定は。

◀◀

学校には、いろいろな決まりがあります。子どもたちが、共同して社会生活を送るうえで、好ましいと思われる事柄や健康・安全への配慮、学習指導上必要な事柄などが列挙されているのです。おしゃれ染め以外に、いくつか、例と理由（↓以降）を挙げてみましょう。

一、シャープペンシルは使わない↓文字に筆圧が伝わりにくいので、字の上達過程では、使わない方がよい

二、金属製の筆箱は持ってこない↓長い鉛筆が入りにくく、落ちると大きな音がする
三、ペットボトル茶は持ってこない↓中が洗えないし、口を付けて飲むことが不衛生
四、お茶は、凍らせたり氷を入れてこない↓体を冷やすという健康上の観点
五、マフラーは禁止↓車に巻き込まれるおそれがある
六、手袋は、教室や廊下ではめない↓室内ではコートやジャンバーを脱ぐに準ずる
七、ロングスカートははいてこない↓ころぶ
八、ルーズソックス禁止↓（たぶん）みっともないから
九、スウェットスーツ禁止↓だらしない
十、ミサンガ（腕などに巻くもの）はしない↓勉強に不要である

実に様々、微に入り際に入りという感じで、事細かに決められています。ただし、ここに挙げた例は、いろいろな学校のものを寄せ集めたものです。

なるほどと、その理由に納得させられるものや、そこまで言わず放っておいてと言いたくなるようなものまであると思いますが、ここではその評価はせず、各人の価値観に委ねることにします。

八、九、十、については、それぞれのそのものが問題というよりも、それらを申し合わせては

いてきたり、身に付けたりして、虚勢を張るように威嚇したり、よくない意味で仲間の証としたりする行為に対する対処療法的な決まり事です。社会的な規律をなくした学級の中で、悪の仲間意識を強調するために、申し合わせて黒のスウェットスーツを着るなどといった姿を見ることはよくあります。

それでも個人的には、ごちゃごちゃ言わず、いちばん最後の「勉強に不要」ということで、ひとくくりにして、後は各個人に考えさせるのがよいと思います。

そんな事細かな決め事を、次から次へと対処療法的に作り出していく学校ですが、小学校段階では茶髪・金髪禁止としていることは、それほど多くはないように思います。

私たちの本音は、非行の芽生えにつながる茶髪・金髪はよろしくない、ということです。しかし、それを前面に出して指導すると、染めさせた親御さんからクレームが来ることがあるのです。個人の自由だろうと。そんな親御さんは、自身も染めておられることがほとんどなので、自分のことを批判されているように感じるのでしょうか。しかし、そうではなく、大人の毛染めと子どもの毛染めは、その意味合いが全く違うのです。特に、高学年といった思春期の入り口で、子どもから染めたいと言いだしたときは、そうしている仲間へのあこがれや、周囲に対する虚勢や威圧を目的としていると見て間違いありません。その傾向は、女子よりも男子に強く感じています。私が、男だからかもしれません。

私の経験では、染めないように子どもと親の両方に伝えても、なかなか聞き入れられないというのが実態です。中には、中学へ行けば禁止だから、小学校のうちに染めておけと指導する親もいます。そのほとんどの場合は、小学校でも禁止だということを知らないからでなく、指導が緩く実質的に許されていると思っているからです。わが子に、「学校の決まりを守らなくてもよい」と、しつけているようなもので、それは将来、「社会の決まりを守らなくてもよい」という経験を積ませていることと等しいのです。


現実の対応としては、校則で禁止している茶髪・金髪を止めるように指導しても聞き入れられない場合、残念である旨を伝えます。本音で言えば、そんな負のしつけをしていたら、われわれ教員は一年間のつきあいだが、親は一生のつきあい、いつかしっぺ返しが来るのにと心配ですが、あきらめるしかありません。しかし、親と子どもの双方に指導をして、聞き入れられない結果、学級内に茶髪・金髪の子が存在する状態が生じます。でもこの状態を指して、黙認しているという表現を使っているのではありません。

確かに、中学校では茶髪禁止の周知徹底ぶりが小学校とは各段に違います。それだけ、子どもの茶髪・金髪は、非行に直結するとの危機感が強いからでしょう。

ところが、私の知る範囲の小学校では、まず、茶髪・金髪とは言いません。おしゃれ染めと言って、しかもご丁寧に、髪の毛を痛めますと言ってみたり、体に有毒な成分も含まれますと言ってみたり、禁止の理由を健康面から訴えることがほとんどです。その表現からして、茶髪・金髪の指導に及び腰であることを暴露しているようなものです。確かに、茶髪・金髪をおしゃれと言われれば、おしゃれ染めも自由という発想になります。中学校のように、非行につながる茶髪・金髪は、子どもたちの集団に無用の威圧感を与え、身勝手な行動を引き起こす芽生えになります、と指導すべきなのです。証拠に、茶髪・金髪に髪の毛を染めること自体が、校則破りの身勝手な行動なのですから。

小学校では、中学年、低学年と年齢が下がるごとに、おしゃれ染めに対する危惧の念は少なくなります。いくら低学年が茶髪・金髪にしていても、虚勢を張っているとも威圧感があるとも感じません。先生も、親の趣味で染めさせられているのだなというくらいの意識しかないことが多く、高学年になったらという見通しを持って、染めないように強く指導する先生も少ないのが現状です。ましてや、強く指導すれば、親との軋轢が生じかねませんから、目先、指導しにくくなるなどの実害がないので、結果、黙認となるのでしょう。

かく言う私も、今述べた内容を親に直球勝負で言えるわけではありません。言えば、おそらく手厳しい反論を受け、親との関係に支障を来すからです。実際、言った後の指導が難しくなってしまったことも何回かあります。困った時代です。

そこで、次に紹介するような話をして、茶髪・金髪を止めるように指導することもあります。

懇談者が父親の場合、物騒な世の中であることを利用して、黒色の髪の毛と金色の髪の毛の子が二人、暗くなりかけた道で家路を急いでいる。そこへ、よからぬ考えを持って車で通りかかった大人が、ヘッドライトに照らされた二人の後ろ姿を見て、声をかける。さあ、もしも自分が声をかけるとしたら、どちらの後ろ姿に声をかけるか。私なら、派手な髪の毛をした子に、声をかけると思いますよ、と。

また、懇談者が母親の場合には、父親と同様の話をすると必要以上に不安を感じる方が多いため、有無を言わさず、お父さんがわが子の髪の毛を染めたことにしてしまって、勝手に指導講話を進めます。そして、お父さんは学校で髪の毛を染めることが禁止されていることを、ご存じなかったと思いますので、よろしくお伝えください、と締めくくるのです。

ここまで工夫して、伝えなければならない時代です。こんな実態ですから、年齢の低い児童を受け持つ先生が黙認するのも頷けます。しかも、低学年や中学年では、それほど目くじらを立てずとも、保護者が無理解に染めさせているだけだから、放置しても実害はないのです。

しかし、指導しても聞き入れられないのと、黙認は違います。子どもたちは、前学年の担任に、何も言われなかったり指導されなかったら、認められたと受け取ります。つまり、なぜ、低・中学年で認められていたものが、高学年の今になって認められないのかという不満へと変化するのです。それに、親も同調してしまう時代ですから、やはり低学年のうちから指導すべき点はきちんと伝えておくことが必要でしょう。

【総合判定…×】

おわりに

最近、授業参観で、およそ授業を受けていられる雰囲気ではないようなしゃべり声が、子どもたちからではなく、参観している保護者から聞こえてくる場合がよくあります。そのような参観の仕方をする保護者の多くは、先生に対してタメ口で話し、一部の保護者は自分の価値観と違う先生の指導に、何でもかんでも、自分の物差しに当てはめるという感覚で、しかも極めて厳しく意見を述べる姿も散見されます。

子どもたちの道徳心を語る以前の問題として、大人のマナーといったものは、一体いつ頃からどこへ置き忘れてきたのでしょう。

ここに書き連ねた50の項目の中には、保護者の物差しに当てはめて考えるともっともでも、学校現場の内実を知れば、一概にそうは言えないものも多くあります。ぶっきらぼうで、いい加減で、適当にあしらうように見える指導が、実は、先生の意図を知れば、計算ずくの指導に納得できたりします。

加えて言えば、保護者が自分のことは棚に上げるかのような身勝手な要求を突きつけてくるとき、そんな身勝手な要求に対応する先生の姿と、その姿をも非難する一部保護者のわがままに振り回される先生の姿に、心底同情はできても、子どもの安全確保の観点からは、○の判定は出せない場合がどうしてもあるのです。その場合、だから駄目な先生ではなく、駄目の判定にならざるを得ない先生がいるのであって、そうさせているのは紛れもなく身勝手な保護者なのです。

本書には、家庭からだけではなかなか見えにくい、一見駄目な先生や怠慢であるかのように見えてしまう事例も取り上げたつもりです。先生も人間ですから、もちろん失敗もしますし、配慮の足りない言動をする場合もあるでしょう。反対に言えば、保護者も人間ですから、もちろん失敗もしますし、配慮の足りない言動をする場合もあるのです。しかし、先生は滅多に保護者からの意見に、正面切って反論することはありません。保護者側に配慮が足りないと思っていても、じっとこらえて受け止めることが多いのです。それが良いか悪いかは別として、駄目先生と決めつける前に、先生とよく話をして、いい意味で先生を上手に利用して子育てをしてほしいと願います。

ここに取り上げた例題は、私の実体験ではなく、事実を基に再構築したものです。また、本文中の氏名はすべて架空のものであり、実在の人物とは一切関係がありません。

岡島克行（おかじま　かつゆき）

1957年12月21日生まれ。
現大阪府羽曳野市立小学校教員。
大阪府在住。
著書
『待ちの指導法―自ら育つ集団へ、学級経営のいろは―』
（文芸社）

先《せん》生《せい》の品《ひん》格《かく》

二〇〇八年　七　月二〇日　第一刷発行
二〇〇八年一二月一〇日　第二刷発行

定価はカバーに表示してあります

著　者　岡島克行《おかじまかつゆき》
発行者　平谷茂政
発行所　東洋出版株式会社
〒112-0014　東京都文京区関口1-44-4
電話　03-5261-1004（代）
振替　00110-2-175030
http://www.toyo-shuppan.com/
印　刷　日本ハイコム株式会社
製　本　ダンクセキ株式会社

ISBN978-4-8096-7584-3